SOUVENIRS MILITAIRES

OUVRAGES DU MÊME AUTEUR

SOUVENIRS MILITAIRES

1866-1870

PRÉLIMINAIRES DE LA GUERRE

MISSIONS EN BELGIQUE ET A VIENNE

PARIS

E. DENTU, ÉDITEUR

3 — PLACE DE VALOIS — 3

1895

PRÉFACE

La première partie des Mémoires du Général Lebrun, que nous publions aujourd'hui, devait précéder le volume de *Bazeilles-Sedan* qui en avait été détaché en 1884.

Elle contient la mission à Vienne dont il a été si souvent question depuis quelque temps dans la presse.

Des motifs de haute considération qui n'existent plus en avaient fait suspendre la publication.

Les Éditeurs.

SOUVENIRS MILITAIRES

CHAPITRE PREMIER

Préoccupation de l'Empereur au sujet de la réorganisation de l'armée et de l'augmentation des effectifs. — Réunion de la commission de Compiègne. — Garde mobile.

Le résultat de la guerre faite par la Prusse à l'Autriche, en 1866, avait créé pour la France une situation politique pleine de périls.

Aux yeux des moins clairvoyants, il était devenu évident, dès le lendemain de Sadowa, qu'un jour allait venir, jour prochain peut-être, où rien que par l'effet naturel de ses exaltations, dues à de récentes victoires, le parti militaire en Prusse poursuivrait plus ardemment encore l'étude de projets entreprise bien avant les guerres des Duchés et de Bohême. Ces projets n'étaient un mystère pour personne. On pouvait se convaincre, de jour en jour, que ce parti ardent allait devenir plus difficile à contenir pour les deux gouvernements de Paris et de

Berlin, et que plus difficile serait aussi, pour eux, de s'opposer à l'explosion de ces vieilles haines de nation à nation, qui dataient de 1806 et de 1815. Cinquante années de paix n'avaient pu les éteindre, et les généraux prussiens les avaient habilement exploitées pour doter leur armée d'une organisation militaire dont la supériorité venait de se révéler par le coup de foudre de Sadowa.

On n'ignorait pas que le chancelier de la Confédération de l'Allemagne du Nord n'en avait pas fini avec ses visées ambitieuses d'unification étendue aux États du midi de l'Allemagne. Il était aisé de comprendre qu'il n'aurait plus les mêmes motifs de temporiser pour ménager les susceptibilités de la France, depuis que la Prusse ne redoutait plus rien des ambitions rivales et des forces de l'Autriche.

L'Empereur Napoléon III se fût montré bien aveugle, si, en présence de cette situation, il ne se fût pas préoccupé de l'éventualité probable d'un conflit avec la Prusse, conflit que le moindre incident diplomatique suffirait à faire surgir tout à coup.

A ces considérations, assurément déjà puissantes pour provoquer l'attention sérieuse de l'Empereur, venaient s'en joindre d'autres qui n'étaient pas sans importance.

Sans doute, telle qu'elle était en 1866, l'armée française paraissait fort respectable. Elle présentait, sur le pied de paix, un effectif de 600,000 hommes. Elle était sortie, à son honneur, des guerres de Crimée et d'Italie. Bien plus, sans trop flatter cette armée, il est permis de dire qu'elle s'était fait admirer, en Crimée, par la cons-

tance et l'énergie peu communes qui l'avaient fait triompher des plus grandes difficultés, et vaincre un ennemi
dont la puissance et la bravoure étaient incontestables.

L'Empereur pouvait espérer beaucoup de la valeur in-
dividuelle des soldats éprouvés qu'elle comptait dans ses
rangs, et avait foi aussi dans l'expérience des officiers
qui les commandaient.

Il ne pouvait pourtant pas oublier que, dans les deux
dernières guerres, nonobstant le chiffre élevé de l'armée
sur le pied de paix, la France n'avait pu présenter à l'ennemi, hors de ses frontières, qu'une armée active dont
l'effectif n'avait pas dépassé 150,000 hommes. — En 1859,
on s'était vu dans l'impossibilité de former, à l'intérieur,
en prévision de complications possibles du côté du Rhin,
une deuxième armée active d'égale force.

D'autre part, il était de toute évidence que si la Prusse,
avec ses seules forces, s'était trouvée en état, dans sa
guerre récente contre l'Autriche, de faire agir, hors de
ses frontières, une armée de 250,000 hommes, il ne lui
serait pas difficile de jeter, sur notre frontière du nord-
est, des forces autrement considérables, puisque, depuis
Sadowa, elle s'était annexé militairement, par des traités
dont on connaissait l'existence, bien qu'ils eussent été
tenus secrets, les puissances du midi de l'Allemagne,
dont les armées devaient s'unir à la sienne, en cas de
guerre contre la France.

Sous peine de voir, un jour, la France forcée de faire la
guerre à armes trop inégales, il fallait donc absolument
changer sa constitution militaire, en augmentant conve-

nablement ses forces nationales. Il était même nécessaire de se hâter, car toute temporisation, à cet égard, pouvait exposer aux plus grands dangers.

Le 22 août 1866, j'appris, de la bouche même de l'Empereur, la résolution qu'il avait prise de rechercher les moyens de constituer plus fortement l'armée française, sans trop augmenter les charges du pays. Mais si, chez lui, la conviction était grande, quant à la nécessité de rendre l'armée plus forte, il s'agissait avant tout de faire passer cette conviction dans l'esprit des membres de son gouvernement, pour qu'ils consentissent ensuite à demander les voies et moyens au Corps législatif et au Sénat.

Pour arriver à ce but, l'Empereur imagina de faire examiner la situation militaire du pays par une haute Commission composée, sous sa présidence, des Ministres, des maréchaux et de plusieurs officiers généraux représentant les diverses spécialités de l'armée. Le Prince Napoléon devait y siéger à ses côtés.

La Commission fut réunie, par ses ordres, au château de Compiègne, dans les premiers jours de novembre 1866.

Dans la première de ses séances, l'Empereur, après avoir fait connaître l'objet de la réunion, énuméra les considérations puissantes que j'ai indiquées plus haut ; il les développa, s'efforçant de démontrer combien il était devenu urgent d'accroître nos forces nationales et de doter l'armée d'une organisation plus complète.

Les données du problème dont il soumit la solution aux délibérations de la commission, et telles qu'il les résuma lui-même, furent celles-ci :

« Faut-il accroître le nombre de nos soldats ; et dans le
cas de l'affirmative, quels sont les moyens à employer
pour l'entretien permanent de l'armée, devenue plus nombreuse, sans trop augmenter les sacrifices imposés au
pays ? »

Les membres de la Commission furent invités à se
livrer, chacun en particulier, à l'examen de cette question,
afin d'être prêts à formuler leurs propositions et à les
soumettre à la discussion, dans les séances suivantes.

Dans ces séances, après avoir reconnu, à l'unanimité,
que notre état militaire était devenu insuffisant, si on le
comparait à celui de la Prusse, les membres de la Commission se divisèrent sur la question des moyens à employer pour augmenter nos forces nationales. Les membres
militaires se montrèrent tous d'accord pour réclamer,
comme base essentielle d'une nouvelle constitution de l'armée, l'adoption de principes qui, en permettant de donner
de l'extension à ses forces, seraient en outre de nature à
les moraliser. Ils insistèrent pour que le service militaire
personnel fût rendu obligatoire pour tout jeune Français,
sauf le cas d'incapacité physique. Ils demandèrent la suppression du remplacement, sous quelque forme qu'on pût
le déguiser, et celle de la loi d'exonération qui avait été
votée en 1855.

Plusieurs de ses membres, entre autres le maréchal
Randon, Ministre de la guerre, se prononcèrent énergiquement pour une durée de service militaire plus longue
que celle qui avait été consacrée par la loi de 1832, demandant que cette durée fût portée à sept, huit et même

neuf années. C'était, suivant eux, le seul moyen que l'on eût de donner à l'armée des soldats et des cadres de sous-officiers instruits et solides.

Le Prince Napoléon se montra d'un avis tout différent : dans son opinion, le service militaire devait être obligatoire et personnel pour tous les jeunes Français valides ; mais ce service pouvait être réduit à trois ans, bien qu'on objectât que trois ans ne suffisaient pas pour l'éducation d'un soldat et que la réduction du service à trois ans aurait pour conséquence fatale d'éloigner des rangs de l'armée les jeunes gens parmi lesquels on recrutait si difficilement déjà les cadres des sous-officiers.

En grande majorité, les membres militaires de la Commission se prononcèrent en déclarant que la situation politique présente exigeait que la France eût un état militaire comprenant, pour le moins, un million d'hommes en armes, armée active, réserve de cette armée et armée territoriale.

Après de vives discussions, qui durèrent plus de quinze jours, la Commission tenant une ou deux séances par jour, toutes les propositions présentées par l'élément militaire échouèrent, ayant toutes été combattues, à outrance, par l'élément politique, représenté par les Ministres. Deux d'entre eux, qui étaient à cette époque les porte-voix habituels du gouvernement près des Chambres, réunirent leurs efforts pour les faire échouer. Ils s'attachèrent à représenter à l'Empereur combien la situation politique intérieure devait être prise en considération, dans les délibérations de la Commission. Les deux Ministres se déclarèrent opposés à toutes réformes dans nos institutions militaires, qui auraient pour effet d'imposer de nouveaux sacrifices au pays. « Leur situation personnelle, dirent-ils à l'Empereur, deviendrait bien difficile, s'ils se voyaient forcés de présenter, au Corps législatif, un projet de loi réclamant pour l'armée plus d'hommes et plus d'argent, quand déjà la Chambre n'était que trop disposée à écouter ceux de ses membres qui, se faisant de tout une arme d'opposition, réclamaient constamment une diminution dans le contingent de 100,000 hommes voté les années précédentes, et une réduction de dépenses dans le budget de la guerre.

— Dans l'état de paix où nous sommes, dit encore un des Ministres, état proclamé récemment comme absolument rassurant, par le gouvernement lui-même, le pays ne comprendrait assurément pas que nous vinssions aujourd'hui lui demander de plus lourds sacrifices, pour donner un plus grand développement à nos forces militaires.

Enfin, ajouta le même Ministre, comme dernier argument qui devait triompher de l'Empereur en le flattant singulièrement, comment se préoccuper tant de la guerre en ce moment, presque à la veille du jour où va s'ouvrir cette grande Exposition nationale, qui sera, pour l'Empereur, une occasion de recevoir tous les souverains. Est-ce que de ses entretiens avec ces derniers ne sortiront pas, pour la France, des assurances de paix certaine.

— Dites la vérité au pays, répliquèrent les membres militaires de la Commission ; dites-lui quelle est la situation politique extérieure, depuis les événements qui viennent de se passer en Allemagne; faites-lui connaître les dangers auxquels cette situation l'expose; il ne vous refusera rien de ce que vous lui demandez, pour fortifier son armée. »

Vaines paroles! il était arrêté dans l'esprit des Ministres omnipotents, que la question militaire, mise en discussion par l'Empereur, si palpitante d'intérêt qu'elle fût pour la sûreté de la France, devait demeurer subordonnée à la question intérieure politique.

Les Ministres eurent donc raison de la Commission, de l'Empereur, et j'oserai dire contre l'Empereur lui-même, parce qu'il partageait les idées de ses généraux. On va voir avec quelle habileté ils surent lui persuader que, s'ils repoussaient les propositions de ses généraux, ils entendaient lui donner les moyens nécessaires pour que nos forces nationales devinssent, dans une certaine mesure, plus considérables qu'elles n'avaient été jusque-là.

C'est en effet, quand l'Empereur eut reconnu que, dans la Commission qu'il présidait, l'élément militaire avait succombé devant l'élément politique représenté par ses Ministres, que, par malheur, il songea à une institution hybride, celle d'une *garde mobile*, dont le nom n'était pas neuf, et n'était pas non plus fort heureux; car ce nom évoquait le souvenir d'une troupe qui, formée précédemment, en 1848, n'avait pas marqué son passage dans l'armée par son bon esprit et sa discipline.

Dans les discussions qui eurent lieu alors, au sein de la Commission de Compiègne, les Ministres se montrèrent disposés à accepter le rétablissement de la garde mobile, supprimée après 1848. Si le parlement l'acceptait comme eux, dirent-ils, l'état militaire de la France pourrait être constitué d'après les bases suivantes :

L'armée comprendrait, dans son ensemble, l'armée active, la réserve de cette armée, une garde mobile et la garde nationale sédentaire qui n'avait pas été abolie ;

Tout jeune Français serait astreint au service militaire, pendant douze années, soit dans l'armée active et la réserve de cette armée, soit dans la garde mobile. Après ces douze années, il serait affecté à la garde nationale sédentaire, jusqu'à l'âge de cinquante ans.

Si ces dispositions recevaient la sanction des pouvoirs législatifs, l'armée active (c'était la proposition qui devait leur être présentée par le gouvernement) serait recrutée, comme par le passé, au moyen des contingents annuels soumis à leur vote, et on se berçait de l'espoir qu'ils ne se refuseraient pas à accepter pour chiffre invariable de ces contingents, celui de 200,000 hommes.

La durée du service actif pourrait, peut-être alors, disait-on, être réduite de 5 à 4 années.

La réserve de l'armée active comprendrait tous les soldats libérés du service ; mais ces soldats seraient susceptibles d'être rappelés, jusqu'à l'expiration de leur trente-deuxième année.

La garde mobile recevrait, dans ses rangs, tous les jeunes gens valides que les chances du tirage au sort n'auraient pas fait figurer dans les contingents de l'armée active. On calculait que cette garde compterait, chaque année, 100,000 hommes au minimum. Elle serait organisée en bataillons, escadrons et batteries d'artillerie. Pour former les cadres, on ferait appel aux anciens militaires, aux officiers retraités ou démissionnaires, aux sous-officiers et soldats libérés et à des volontaires réunissant des conditions d'instruction et des garanties de moralité les rendant aptes au commandement, dans les grades qu'on leur conférerait.

En principe, la garde mobile ne serait employée qu'à l'intérieur. En temps de guerre, on l'affecterait à la défense de nos frontières et de nos forteresses. Tout jeune garde mobile recevrait une instruction militaire convenable; et, pour cela, on l'appellerait une fois par an et pendant quelques jours au chef-lieu de son canton.

En constituant l'armée d'après ces bases, il était incontestable que l'état militaire de la France pouvait bientôt comprendre 11 à 1,200,000 hommes, et après cinq années, 1,400,000 hommes, l'armée permanente entretenue comptant d'ailleurs, comme par le passé, 600,000 hommes. Malgré ce qu'il pouvait y avoir de séduisant dans l'énoncé seul de ces chiffres, la plupart des membres militaires de la commission se montrèrent peu favorables à l'institution d'une garde mobile. Quelques-uns, qui eussent préféré qu'on n'apportât aucun changement dans l'état de nos forces nationales, si ce n'est en augmentant la durée du service actif, l'accueillirent au contraire avec une certaine faveur. Un peu plus tard, après la dissolution de la Commission, ils devaient la patronner avec ardeur. On le verra un peu plus loin.

Les premiers représentèrent, avec raison, que si l'idée

de l'institution d'une garde mobile était de nature à séduire *a priori*, parce qu'elle promettait à l'armée un grand nombre d'hommes, elle ne lui donnerait que des hommes et pas de vrais soldats; qu'elle créerait, à côté de l'armée, une autre armée qui n'aurait que les apparences de la force, et jamais la réalité; que les cadres en seraient difficiles à recruter et à entretenir, et qu'enfin, il fallait craindre que, sous prétexte de vouloir donner à l'armée un appoint utile, on ne s'exposât à l'affaiblir en s'imposant, pour la garde mobile, des dépenses considérables qu'il serait bien plus sage d'employer pour l'armée active.

A ces observations si fondées, on répondait que les principes qui devaient servir de base à l'institution, donnaient satisfaction aux intérêts défendus par les représentants de l'armée, puisque ces principes consacraient, pour tous les jeunes Français, l'obligation du service militaire, pendant douze années; qu'à la vérité, la garde mobile ne serait point employée hors de nos frontières, en temps de guerre; mais qu'en l'utilisant à la frontière et dans nos forteresses, elle rendait disponibles, pour l'extérieur, toutes les forces actives qu'on s'était vu forcé autrefois, de laisser à l'intérieur, pendant les guerres de Crimée et d'Italie. Enfin, dirent encore les défenseurs plus ou moins convaincus de l'institution, on n'aurait pas de lourdes charges à imposer au pays pour la garde mobile, puisque les cadres seraient recrutés parmi d'anciens militaires retraités, dont les services seraient faiblement rétribués et par des volontaires, empruntés à la population aisée, qui serviraient gratuitement, en temps de paix. D'après leurs calculs, 12 à 14 millions, qu'on y consacrerait annuellement, suffiraient largement pour habiller, équiper, armer, entretenir et instruire, d'une manière satisfaisante, les bataillons, escadrons et batteries de la garde mobile. Ce ne serait là qu'une augmentation de dépense, peu considérable, à faire figurer au budget de la guerre.

Lorsque, après la discussion, la loi fut votée, il en résulta un certain émoi dans le pays. Une partie de la population, celle qui était la plus éclairée, fit bon accueil à la loi. Elle se laissa tromper par des apparences, s'imaginant, comme l'Empereur l'avait cru lui-même, que la garde mobile serait une nouvelle force pour l'armée. L'autre partie de la population, qui était considérablement plus nombreuse, ne vit dans la loi qu'une charge très lourde, qui allait créer pour tous les jeunes gens, non liés au service militaire, des obligations assimilables à celles qui étaient imposées aux jeunes soldats des contingents annuels. Elle se rassura pourtant bien vite ; car elle comprit, comme les membres du parlement, que la loi ne pourrait pas être appliquée.

Les créateurs de l'institution savaient bien qu'elle n'était pas née viable. Quelques-uns, en l'acceptant de bonne foi, commirent une grande erreur ; les autres la considérèrent comme un moyen de caresser les idées de l'Empereur, tout en se réservant, à eux-mêmes, *in petto*, le soin de s'opposer à ce que la loi fût appliquée. Ces derniers ne voulaient sérieusement qu'une chose : mettre l'Empereur dans l'impossibilité de rien faire, de rien préparer en vue d'une guerre qu'ils supposaient être désirée par le souverain. On ne voulait pas paraître tout refuser à l'Empereur ; on se trouva heureux de faire, près de lui, étalage de ces 3 à 400,000 hommes que la loi nouvelle permettait d'ajouter, en trois ans, aux forces vives de l'armée active.

Rappellerai-je, ici, ce qui advint de la garde mobile ? Sa création avait été mal accueillie dans l'armée. Tous les gens du métier la considéraient comme ne pouvant être bonne qu'à immatriculer un grand nombre de jeunes hommes que, dans un jour de danger, une loi nouvelle pourrait faire jeter dans les dépôts de l'armée active. C'est ainsi qu'un jour le maréchal Niel, lui-même, en jugea devant moi, au moment où il venait d'être appelé à succéder au maréchal Randon, comme Ministre de la guerre. Cependant, comme dès le début, il s'était déclaré partisan de la garde mobile, il se mit sérieusement à l'œuvre pour exécuter la loi dans les meilleures conditions possibles. Il parvint en assez peu de temps à former un certain nombre de bataillons à Paris et dans la région du nord-est. Il ne tarda pas à se rendre compte que les dépenses nécessaires pour la garde mobile allaient dépasser de beaucoup ses prévisions ; et, dès lors, il se résolut à en ralentir l'organisation.

Son successeur à la guerre, le général Lebœuf, s'était convaincu bien vite que, à moins d'obtenir des pouvoirs législatifs un crédit annuel de 35 à 40 millions, il lui devenait impossible de poursuivre utilement l'organisation de la garde mobile qui n'avait été qu'ébauchée par son prédécesseur.

La situation du Ministre était embarrassante. En effet, demander au Corps législatif un crédit de 35 à 40 millions pour la garde mobile, c'était s'exposer à un refus presque certain ; et si, par impossible, ce crédit était accordé, n'était-il pas à craindre que ce fût à la condition que le budget de la guerre supporterait une réduction d'une trentaine de millions sur les crédits affectés à l'entretien de l'armée active ? En présence de pareilles éventualités, le général Lebœuf se résolut à ne pas sacrifier les intérêts de cette armée et à délaisser momentanément ceux de la garde mobile.

La loi de 1868, qui avait créé la garde mobile, devint lettre morte. La guerre qui éclata tout à coup en 1870, obligea à lui rendre la vie. On lui donna alors des moyens d'existence détestables, en appelant dans ses cadres des officiers et des sous-officiers qui manquaient de l'instruction nécessaire. Le temps avait manqué, d'ailleurs, pour initier les soldats aux notions de l'instruction professionnelle les plus élémentaires. N'ayant, dès lors, aucune des qualités qui font la valeur de toute troupe organisée, la garde mobile a pu montrer du courage, de l'entrain quand elle s'est trouvée en présence de l'ennemi ; mais la direction et l'instruction faisant défaut, tout cela ne pouvait aboutir qu'à une consommation effrayante d'hommes sacrifiés en pure perte.

Que de ressources n'eût-on pas trouvées dans les qualités morales que présentaient un grand nombre de ces jeunes gens, si on les eût incorporés, dès le lendemain de la déclaration de guerre, dans les dépôts de l'armée active.

En quinze jours, trois semaines, un mois au plus, on les aurait mis en état de figurer utilement dans les rangs de cette armée. On n'eût fait, d'ailleurs, que mettre à exécution le projet que le maréchal Niel avait conçu en 1868.

CHAPITRE II

Fusil rayé à percussion et fusil à tir rapide.
Le Chassepot.

Bien avant 1866, l'attention du Ministre de la guerre avait été attirée sur l'infériorité que présentait notre fusil rayé à percussion sur le fusil à tir rapide qui était entre les mains de l'infanterie prussienne.

Le maréchal de Mac-Mahon, étant à Berlin, en 1862, à titre de représentant de la France au couronnement du roi Guillaume, avait eu l'occasion de constater les effets foudroyants du fusil Dreyse. A son retour, il avait mis sous les yeux de l'Empereur et sous ceux du maréchal Randon, une note faisant ressortir la grande supériorité qui était désormais acquise à l'infanterie prussienne, du fait seul de son fusil à tir rapide. C'était là un progrès bien autrement considérable que la substitution, dans le fusil, de la baguette en fer à la baguette en bois ; substitution qui avait donné à l'infanterie prussienne, pour un certain temps, une si grande supériorité sur celle des autres puissances de l'Europe.

Le maréchal de Mac-Mahon concluait, dans sa note, en demandant, avec les plus vives instances, que notre infanterie fût, au plus vite, armée d'un fusil à tir rapide,

Le maréchal convainquit l'Empereur ; mais il ne lui fut pas aussi facile de convaincre le Ministre de la guerre, qui, avant de se prononcer, avait à compter avec le comité de l'artillerie. Depuis un temps immémorial, ce comité se considérait comme seul compétent et souverain juge dans toutes les questions qui intéressaient l'armement de l'infanterie.

A la demande de l'Empereur, le Ministre de la guerre voulut bien concéder que, d'après ses ordres, on se livrerait à des études ayant pour objet la recherche d'un fusil se chargeant par la culasse ; mais à la condition toutefois qu'on s'étudierait à perfectionner le fusil à percussion, se chargeant par la bouche, afin d'en obtenir plus de précision et une plus longue portée. Il se berçait de l'espoir que ces perfectionnements seraient de nature à compenser la rapidité de tir du fusil prussien.

Ses répugnances pour l'adoption du fusil à tir rapide, il ne le dissimulait pas, provenaient de la crainte qu'il n'en résultât une consommation effrayante de munitions.

La demande du maréchal de Mac-Mahon ne fut pas absolument repoussée, comme on vient de le voir ; seulement elle fut classée, en 1862, parmi d'autres questions que l'on se contentait de *mettre à l'étude*, comme on disait si souvent, à cette époque, pour les condamner à dormir ensuite, de longues années, sinon pour toujours, dans les cartons du ministère.

Après la guerre des Duchés, où l'on put constater la grande supériorité du fusil à aiguille sur le fusil danois, la proposition du maréchal de Mac-Mahon fut renouvelée près du Ministre de la guerre, par le général Bourbaki. Cet officier général avait été envoyé en Prusse, en 1864, pour y assister aux grandes manœuvres de l'armée allemande. Il avait été frappé, lui aussi, de la puissance du fusil prussien et, dans ses rapports au Ministre, il n'avait pas hésité à affirmer que les propriétés de cette arme devaient opérer une révolution complète dans la tactique de l'infanterie. Quoi qu'il eût pu dire, le comité de l'artillerie ne se hâta pas davantage dans la poursuite de ses études.

Fort heureusement, tandis que le comité temporisait, ne se pressant pas d'exécuter les ordres du Ministre, il se trouva qu'un contrôleur d'armes, employé dans les ateliers de Saint-Thomas d'Aquin, imagina de fabriquer, presque sans autre aide que les encouragements réitérés du maréchal de Mac-Mahon, un fusil à tir rapide réunissant des propriétés supérieures à celles du fusil Dreyse.

M. Chassepot consacra plusieurs années à son œuvre. Sitôt achevée, le Ministre la fit soumettre à l'examen du comité qui fit subir à l'arme nouvelle certaines modifications dans le mécanisme, dans les dimensions des rayures, etc. L'Empereur, dans un programme tracé de sa main, avait précisé les conditions de calibre, de poids, etc., auxquelles le fusil en cours de fabrication devait satisfaire avant d'être mis en essai.

Le Ministre de la guerre décida que la direction d'artillerie ferait fabriquer sur-le-champ un millier de fusils du modèle modifié, pendant qu'en même temps, elle ferait confectionner pareil nombre de fusils à percussion, d'après un spécimen perfectionné. Les deux armes seraient comparées entre elles pour juger si la première l'emportait tellement sur la seconde, qu'il y eût obligation de l'adopter pour toute l'armée.

Ce ne fut qu'en 1866 que les expériences furent faites au camp de Châlons. Elles démontrèrent la supériorité incontestable du fusil Chassepot. Cela suffisait assurément pour que le Ministre de la guerre décidât son adoption ; mais entre temps se produisit en France le retentissement des effets foudroyants du fusil prussien à Nachod, Trautman, etc. Dès ce moment, un cri unanime s'éleva dans toute l'armée ; et l'Empereur obtint du Ministre que la substitution aurait lieu, et que l'on hâterait, le plus possible, la fabrication du nouvel armement.

Le maréchal Randon était-il enfin bien convaincu de la nécessité d'adopter cet armement ? Je n'oserais en répondre. N'adressait-il pas, en effet, à l'Empereur, même au lendemain de Sadowa, ce mémoire si étudié dans lequel apparaît la confiance qu'il avait dans la valeur de l'armée française, sans qu'il lui parût nécessaire de rien changer à sa constitution ou à son armement.

Dans ce mémoire, le maréchal disait à l'Empereur : « Nous avons quelquefois une disposition à nous élever au-dessus des autres nations. Ce n'est pas un motif pour devenir plus modestes que de raison. Quoi ! une nation comme la France qui, en quelques semaines, peut réunir sous les drapeaux 600,000 soldats, qui a, dans ses arsenaux, 8,000 pièces de canon de campagne, 1,800,000 fusils et de la poudre pour faire dix ans la guerre, ne serait pas toujours prête à soutenir, par les armes, son honneur compromis ou son droit méconnu ?... »

Changer tout à coup l'armement de toute l'infanterie dans une armée d'un effectif aussi considérable que la nôtre, c'était assurément une mesure qui valait la peine qu'on y réfléchît sérieusement. Il fallait compter avec les voies et moyens, car il s'agissait d'une dépense de plus de cent millions et, ce surcroît de sacrifices, il y aurait lieu de le demander au pays dans un moment où l'on était déjà aux prises avec des difficultés financières dont l'importance était incontestable. En effet, on n'en avait pas fini avec la guerre du Mexique, qui imposait encore au Trésor de très lourdes charges. D'autre part, s'il était reconnu qu'il y avait lieu de donner le nouvel armement aux troupes, le plus vite possible, on n'ignorait pas que le fusil à aiguille prussien n'était pas exempt de toute imperfection ; on savait également que toutes les puissances de l'Europe s'occupaient activement de la recherche d'un fusil à tir rapide du modèle prussien, mais perfectionné. Or, il pouvait arriver que si l'on se pressait trop, en France, de fabriquer, tel quel, le fusil Chassepot, on ne vît bientôt apparaître, dans une armée étrangère, un fusil présentant des qualités de beaucoup supérieures. On conçoit donc que pour ces divers motifs, le Ministre de la guerre pût hésiter avant de se déclarer favorable à l'adoption du fusil à tir rapide. Mais ses hésitations ne durèrent-elles pas trop longtemps ? Plus de trois années.

Sitôt que le maréchal Niel fut au ministère de la guerre il mit tous ses efforts à hâter la fabrication du fusil Chassepot.

CHAPITRE III

Question du Luxembourg. — Major général de l'armée.

Dans les premiers jours du mois de mai 1867, la question du Luxembourg venait d'être soulevée. On sait de quoi il s'agissait. En l'absence de tout traité qui eût légitimé les prétention de la Prusse, à exercer sa domination sur le duché, une garnison prussienne, occupait, depuis longtemps, la forteresse de Luxembourg. Cette garnison constituait pour la Prusse, un poste avancé qui menaçait, d'une manière permanente, un des points vulnérables des frontières de la France. Par la voie diplomatique, l'Empereur avait espéré qu'il pourrait obtenir du gouvernement prussien, que cette garnison fût retirée de Luxembourg. Ses représentants à Berlin s'étaient heurtés contre le mauvais vouloir des diplomates de la Prusse.

Pendant que l'affaire était pendante, l'Empereur me fit appeler dans son cabinet, et là, après m'avoir appris ce qui se passait entre les deux gouvernements, il me déclara qu'il ne se dissimulait pas qu'un conflit sérieux pouvait en résulter entre la France et la Prusse. Il y avait à craindre, en effet, que les réclamations de la France ne vinssent pas à triompher de l'opposition qu'elles rencontreraient à Berlin. Et si ces réclamations étaient absolument repoussées, le gouvernement français se trouvait en présence des plus grandes difficultés. En effet, une partie considérable de notre armée était encore au Mexique, et la partie disponible, à l'intérieur, ne permettait pas au Ministre de la guerre de mobiliser plus de 200,000 hommes. C'était peu assurément pour affronter une grande guerre contre la Prusse. L'insuffisance des forces de la France, n'était pas la seule raison qui préoccupât l'Empereur. Il en était à se demander, me dit-il, à quels maréchaux et à quels généraux, il devait, le cas échéant, confier le commandement de son armée. Ce qui excitait encore sa sollicitude, c'était le choix qu'il aurait à faire d'un officier général pour les fonctions si importantes de chef d'état-major général de l'armée. L'Empereur prononça les noms de quelques généraux et discuta leurs aptitudes pour ces fonctions. Il exprima les regrets qu'il éprouvait, en voyant que depuis la guerre d'Italie, rien n'avait été fait pour être toujours prêt à mobiliser régulièrement et avec rapidité nos forces actives. Il termina en me faisant connaître que si son gouvernement parvenait, comme il voulait encore l'espérer, à sortir de la crise présente et à maintenir la paix, il ne m'invitait pas moins à rechercher, sur-le-champ, les moyens qu'il conviendrait d'employer, pour qu'à l'avenir, il ne se vît pas condamné, comme il l'était en ce moment, à constater que rien n'avait été préparé pour nous permettre d'entreprendre la guerre dans des conditions favorables.

Le 10 mai, je mis sous les yeux de l'Empereur, un programme succint, présentant les études et travaux de tous genres auxquels il me paraissait urgent de se livrer et de poursuivre avec constance pour répondre aux désirs qu'il m'avait exprimés.

Dans ce programme, dont l'original est encore entre mes mains, je demandais avec instance que bon nombre de nos officiers d'état-major fussent en tout temps désignés pour aller faire sur nos frontières et à l'étranger des reconnaissances telles qu'en faisaient constamment les officiers prussiens, afin d'étudier les théâtres de guerre possibles, ou probables, leurs ressources, les lignes d'opération par voies ferrées où autres, etc. Je réclamais des mesures pour arrêter définitivement une organisation complète de nos forces actives et pour une prompte mobilisation de ces forces. J'appelais particulièrement l'attention de l'Empereur sur la nécessité de refaire dans l'armée, la discipline sévère qui en avait disparu depuis trop longtemps, ce qui l'avait considérablement énervée. J'assurai à l'Empereur que les chefs de l'armée lui seraient reconnaissants, s'il voulait bien les aider à faire revivre dans les rangs de nos régiments les errements de cette discipline sévère qui avaient autrefois fait leur grande force. « L'Empereur va me trouver bien sévère, dis-je en donnant lecture de cette partie de mon programme, c'est qu'il s'agit d'une question capitale ; sans discipline, sans l'obéissance absolue, sans le respect et le prestige dont le commandement doit toujours être entouré, il n'y a pas d'armée digne de ce nom. »

Demander ainsi à l'Empereur qu'il se montrât sévère dans l'application des règles de la discipline, c'était, hélas ! lui demander ce qu'il ne pouvait être sans renoncer à sa propre nature qui était l'indulgence et la bonté même : ne pouvant être sévère, il lui eût fallu, à côté de lui, des ministres de la guerre, tels qu'il y en eut à la tête de l'armée au début de ma carrière, des Soult, pour n'en citer qu'un seul, celui qui, sous le gouvernement de Juillet, faisait trembler tous les généraux, quand il les rappelait à l'exécution stricte des règlements militaires.

Dans ma première entrevue, l'Empereur m'avait fait appréhender la crainte qu'il n'eût arrêté dans son esprit, la pensée de confier, en cas de guerre, les fonctions de major général ou de chef d'état-major général de l'armée, à un simple général de division.

Le 10 mai, je lui demandai la permission de lui représenter que, sous peine de manquer de l'autorité attachée à ses fonctions, un major général ne pouvait être pris que parmi ceux des chefs de l'armée qui avaient déjà exercé de grands commandements, et qui, ayant fait leurs preuves sur les champs de bataille, s'étaient acquis la notoriété du nom et la confiance de l'armée. A mon sens, ce serait, pour lui-même, aller au-devant de graves inconvénients, que de confier ces fonctions à un général de division, dans une armée dont les commandants de corps seraient des maréchaux ; ces fonctions ne pouvaient être utilement exercées

que par un maréchal, et cela, avec d'autant plus de raison que l'homme qui, à mon avis, saurait s'y montrer le
plus capable et le plus apte était tout trouvé, c'est-à-dire le
maréchal Niel, Ministre de la guerre. A l'appui de ces
observations, je rappelai à l'Empereur des épisodes de la
guerre d'Espagne, sous le premier Empire, dans laquelle
de détestables rivalités entre des commandants de corps
d'armée, maréchaux de France, dans une armée que
Napoléon commandait en personne, avaient eu des conséquences désastreuses.

Sans discuter autrement, l'Empereur me répondit que
si la guerre venait à l'obliger à s'éloigner de la capitale,
il aurait alors grand besoin d'y laisser le maréchal, Ministre de la guerre. Je prononçai alors le nom d'un général,
auteur d'un livre, *l'Armée en 1867*, dont l'apparition
venait tout récemment de faire grand bruit dans le monde
militaire. Je me hasardai à dire à l'Empereur que celui
qui avait écrit ce livre, le général Trochu, était, parmi
tous ses collègues, celui qui, par sa capacité, son intelligence et ses aptitudes remarquables, paraissait réunir
le mieux les conditions voulues pour les fonctions si difficiles et si délicates de major général d'armée. « Son livre,
dis-je à l'Empereur, ressemble fort à une œuvre d'opposition dirigée contre les Ministres qui, depuis longtemps,
ont, entre leurs mains, la haute direction de l'armée.
A coup sûr, le général Trochu eût mieux fait de ne pas
le publier, et de le présenter simplement au Ministre, sous
forme de rapport. A côté de certaines exagérations dans
l'expression de tout le mal qu'il énonce, le Ministre y eût

trouvé des renseignements et des vérités, dont il eût pu faire son profit, pour le grand bien de l'armée. Mais, malgré son livre, et mieux, à cause même de son livre, il est impossible de méconnaître que le général Trochu s'est acquis, dans l'armée et à l'étranger, un renom de capacité et d'intelligence peu ordinaires. Les antécédents et les positions qu'il a occupées, dans l'armée, pendant nos dernières guerres, dans celle de Crimée particulièrement, sont de nature à inspirer toute confiance.

— Oui, me répondit l'Empereur, vous avez raison; le grand mérite du général Trochu est incontestable; mais ses idées sont si mystiques !

A quelques jours de là, je m'en réjouis fort, l'Empereur n'eut plus à se préoccuper autant du choix d'un chef d'état-major général. Il m'apprit que les difficultés pendantes entre la France et la Prusse, allaient vraisemblablement être aplanies. « Les représentants des grandes puissances, me dit-il, étaient appelés à se réunir dans une conférence où, il n'en doutait pas, on déciderait la neutralisation du duché de Luxembourg, ce qui mettait fin à tout prétexte de conflit entre la France et la Prusse. » Et alors, déjà plein de confiance dans le maintien de la paix, l'Empereur ajoutait : « Il faut, dès ce moment, songer à l'avenir; il faut sans cesse poursuivre, pendant la paix, une bonne préparation de la guerre, afin qu'un nouvel incident, pareil à celui qui vient de se produire, ne puisse jamais nous surprendre en flagrant délit de non préparation et de quiétude aveugle. »

Si j'ai cru devoir raconter cette conversation que j'eus,

le 12 mai 1867, avec Napoléon III, c'est que trois mois plus tard, après le séjour que le Roi de Prusse, accompagné de M. de Bismarck et du général de Moltke, avait fait à Paris, à l'occasion de l'Exposition universelle, l'Empereur m'apprit qu'à l'époque où il m'avait montré tant de confiance, à la veille de la conférence, la guerre avait été, en fait, décidée à Berlin.

« Tous les ordres de mobilisation, me dit-il, ces ordres qui sont toujours prêts dans le cabinet du Roi, allaient être expédiés, quand M. de Bismarck avait pris, tout à coup, la résolution de résister à l'entraînement du parti de la guerre et était parvenu à faire suspendre l'expédition.

« M. de Bismarck, ajouta l'Empereur, *s'est vanté* auprès de moi d'avoir ainsi, *tout seul*, mis obstacle à une déclaration de guerre immédiate. »

Le duché de Luxembourg fut neutralisé dans la conférence de Londres, ce qui conjura la guerre.

CHAPITRE IV

Visite de la frontière nord-est et de la place du Luxembourg. — Anvers. — Les manœuvres de l'armée belge. — Expériences de l'artillerie au camp de Brascoët. — Mitrailleuses.

Aussitôt après la conférence de Londres, je reçus du Ministre de la guerre, d'après une invitation qui lui avait été faite par l'Empereur, l'ordre d'aller visiter nos frontières du nord-est pour y reconnaître les positions les plus favorables à la défense du pays. D'après cet ordre, je devais, aussitôt mon exploration terminée, en faire connaître le résultat au Ministre, dans un rapport auquel serait annexé un programme complet des études détaillées que nos officiers d'état-major seraient appelés à faire, sur ces mêmes frontières.

Après avoir reconnu les environs de Thionville, je franchis la frontière pour aller visiter la forteresse de Luxembourg.

Il était intéressant de savoir si, conformément aux stipulations du traité de Londres, les troupes prussiennes avaient déjà évacué la place. Il paraissait aussi utile de vérifier, par un examen des lieux, si le gouvernement luxembourgeois mettait ou paraissait mettre à exécution la clause du traité qui l'obligeait à procéder lui-même au démantèlement de la forteresse.

Je constatai que la garnison prussienne, presque tout entière, avait quitté Luxembourg. Le peu de troupes qu'on y voyait en ce moment, on était alors à la mi-juin, était employé au transport sur Trèves de tout le matériel de guerre appartenant à la Prusse. Quant au démantèlement de la place, il me parut être évident que la clause du traité, qui y était relative, serait, à tout jamais, lettre morte. Les difficultés de démantèlement sur presque la totalité de son enceinte, formée par des murailles dont des rochers à pic et très profonds sont la base, et enfin les dépenses que ce travail devait exiger, tout s'opposait à ce que le grand-duc pût y songer sérieusement. Tout ce que son gouvernement pouvait faire, c'était de procéder à un semblant de démantèlement sur le front de fortification qui fait face au nord-ouest. Le reste des défenses de la place pouvait défier l'œuvre sortie de la plume des diplomates de la conférence de Londres. La forteresse de Luxembourg continuerait d'être dans l'avenir tout ce qu'elle avait été dans le passé, c'est-à-dire le point de mire permanent et l'objet des convoitises persistantes de deux puissances intéressées à s'en emparer, en cas de conflit européen.

En quittant Luxembourg, j'allai visiter Trèves. Les

défenses de cette place n'ont point de valeur. Elles consistent en un simple mur d'enceinte, partie d'origine romaine, partie de construction moderne. Mais la place n'en est pas moins importante, en raison de sa situation au confluent de la Moselle et de la Sarre, deux cours d'eau qui constituent des lignes défensives naturelles pour la Prusse. A Trèves, se trouve la tête de la voie ferrée qui relie la vallée de la Moselle avec Luxembourg, avec le nord-est de la Belgique. En 1867, il était facile de prévoir que cette voie ferrée serait dans un avenir prochain prolongée jusqu'au Rhin, et que, dès lors, la place de Trèves, mise en communication directe avec tout le littoral occidental et maritime de la Prusse, deviendrait un point stratégique de premier ordre.

Après Trèves, je visitai Sarrebrük, Metz, Sarreguemines, puis les principaux défilés des Vosges; enfin je rentrai à Paris.

Dans le courant de juillet, le Ministre de la guerre m'autorisa à me rendre au camp de Beverloo, en Belgique, pour y assister aux manœuvres de l'armée. Voici les motifs qui m'avaient inspiré le désir de suivre ces manœuvres.

On s'occupait beaucoup en France, en 1867, de la tactique de l'infanterie prussienne. On attribuait à cette tactique, autant qu'au fusil à aiguille, les succès prodigieux obtenus contre l'Autriche, l'année précédente. Le chef d'escadron Stoffel, notre attaché militaire à Berlin, avait suivi l'état-major prussien pendant la guerre de Bohême; et cet officier fort capable, très observateur, n'avait pas manqué, sitôt la guerre terminée, d'adresser à l'Empereur, dont il était un des officiers d'ordonnance, et au Ministre de la guerre des rapports très complets sur les événements dont il avait été le témoin. Dans son opinion, les Prussiens s'étaient acquis leur grande supériorité, non pas seulement par le fait de leur fusil à aiguille à tir rapide, mais encore par la tactique que cette arme avait imposée, en quelque sorte, à leur infanterie; tactique absolument contraire aux principes suivis dans les guerres précédentes. Ils la devaient aussi à la rare distinction de leurs officiers d'état-major. (Voir les rapports du commandant Stoffel.)

On comprend de quel intérêt il pouvait être, pour ceux qui avaient lu les rapports de notre attaché militaire, d'aller étudier l'armée prussienne en Prusse même, d'en suivre les exercices, afin de se rendre compte des modifications apportées dans sa tactique. L'Empereur m'avait appris, un jour, que son grand désir eût été de m'envoyer à Berlin s'il n'avait appris que l'armée prussienne ne devait point exécuter de grandes manœuvres en 1867. Ce fut alors que je lui demandai la permission de me rendre au camp de Beverloo, où l'armée belge allait exécuter les exercices annuels, sous le commandement de l'un de ses généraux les plus distingués, le général Renard, qui, par ses écrits militaires, s'était acquis une place à part parmi les hommes de guerre de son temps.

Je savais que le général Renard professait une grande admiration pour l'organisation de l'armée prussienne, et pour la tactique introduite, depuis quelques années, dans cette armée. J'étais donc bien certain qu'au camp de Beverloo, je trouverais l'occasion de voir appliquer les principes essentiels de cette tactique. Un autre motif encore m'engageait à m'y rendre.

J'avais appris d'un officier supérieur de l'armée belge que, dans cette armée, le canon d'acier prussien se chargeant par la culasse avait été, depuis peu, substitué au canon en bronze du système français, et que les batteries du corps d'armée qui allait faire ses exercices à Beverloo seraient pourvues du nouveau canon.

J'arrivai au camp à la fin de la première quinzaine de juillet. J'y fus reçu par le général Renard, avec des témoignages d'une franche cordialité, dont je garderai toujours le meilleur souvenir. Qu'il me soit permis, puisque j'en trouve ici l'occasion, de remercier les officiers de l'armée belge pour leur accueil courtois et leurs prévenances, pendant mon séjour au milieu d'eux.

Pendant les quinze jours que je passai sous le toit hospitalier du général Renard ou sur le terrain des manœuvres, il me fut donné d'apprendre bien des choses qu'on ignorait beaucoup trop en France. Je pus constater que l'armée belge, bien qu'elle fût composée presque exclusivement de très jeunes soldats, manœuvrait avec une grande régularité et beaucoup d'ensemble. Je dus reconnaitre en outre que, sous l'impulsion active et intelligente du général Renard, elle avait commencé à s'imprégner des idées et des principes qui étaient en honneur dans l'armée prussienne. Son attitude sur le terrain de ses exercices, tenait déjà beaucoup plus de la raideur froide des

Allemands, que de la vivacité française; nos théories tactiques avaient été remplacées par les théories prussiennes. On y avait donné une plus grande importance au combat en ordre dispersé.

En résumé, sous les inspirations du général Renard, l'armée belge était entrée résolument dans la voie du progrès. Il me fallut le reconnaître alors que rien de pareil n'avait encore été fait en France.

Le général projetait pour l'armée belge une réforme autrement importante, me disait-il, que celle qui avait eu pour objet de modifier la tactique de l'infanterie.

Ce qu'il fallait admirer dans l'armée prussienne, me répétait sans cesse le général, et ce qu'il fallait au plus vite introduire dans nos armées, en France et en Belgique, c'était son organisation du temps de paix, qui se prêtait si merveilleusement à celle du temps de guerre; c'était la division du territoire de la Prusse en autant de circonscriptions de recrutement que cette armée comptait de corps d'armée; c'était le mode de mobilisation qui reposait, tout entier, sur cette division, permettant au moment d'une déclaration de guerre, de mettre l'armée sur le pied complet de guerre, et de la concentrer à la frontière en quatorze ou quinze jours au plus.

Je puis bien le dire; en me parlant ainsi, le général Renard prêchait un converti; il ne m'apprenait rien, d'ailleurs, car depuis longtemps, je savais, et le Ministre de la guerre, en France, savait mieux que moi, comment l'armée prusienne était recrutée et organisée et comment sa mobilisation était préparée. Seulement, et il était triste d'avoir à le constater, si, en Belgique, on songeait sérieusement à des réformes, en France, on n'y songeait guère.

Dans l'armée française, le plus grand nombre des officiers, et parmi ceux-ci, les officiers qui étaient à sa tête, fermaient les yeux à la lumière, et s'endormaient dans un optimisme d'où rien ne pouvait les tirer. Ils se révoltaient à l'idée seule qu'on pût rien faire, en Prusse ou ailleurs, qui ne fût aussi bien, si non mieux, fait en France.

Au camp de Beverloo, j'avais vu ce qui était intéressant dans les exercices d'infanterie de l'armée belge. J'avais pu voir aussi les batteries d'artillerie de campagne manœuvrant avec leurs affûts du système prussien ; elles n'étaient ni plus ni moins mobiles que les batteries de campagne de l'armée française. Mais c'était surtout au polygone de Brascaët, près d'Anvers, où chaque année, après les manœuvres du camp de Beverloo, l'artillerie belge faisait les exercices de tir, que je devais aller reconnaître la valeur des bouches à feu dont cette artillerie avait était mise en possession depuis peu. Avant de me rendre à Brascaët, j'allais visiter la forteresse d'Anvers.

Anvers, avec son enceinte et les forts détachés qui en défendent les approches, constitue le réduit imposant de toute l'armée belge, en cas d'invasion du royaume, de quelque côté que vienne l'ennemi. Dans ma visite, j'eus la douleur d'avoir à constater qu'aucune de nos places fortes ne pouvait être comparée à Anvers, sous le rapport de la préparation à la guerre. Tandis qu'en France des règlements surannés voulaient qu'on attendit une déclaration de guerre, avant de mettre nos forteresses, seulement en état de premier armement (ce qu'on appelle l'*armement de sûreté*) ; à Anvers, au contraire, presque sous nos yeux, sans que nous parussions nous en douter, chez une nation dont le territoire était neutralisé, on avait tout prévu, en temps de paix, tout préparé pour être prêt à répondre à une attaque soudaine. Dans l'enceinte de la place, comme dans les forts, l'armement et les approvisionnements avaient été réunis et disposés de telle façon qu'en quarante-huit heures toutes les bouches à feu, au nombre de près de trois mille, pouvaient être sur leurs plate-formes et ouvrir le feu. Si j'entre dans ces détails, c'est que mes souvenirs se reportant, en ce moment, d'Anvers à Metz, me rappellent qu'en 1870, on s'imaginait en France que la place de Metz et les forts avancés étaient armés et qu'en somme, on n'y avait fait autre chose qu'élever des murailles et remuer la terre. Quant à des ouvrages achevés et armés, il n'y en avait aucun.

En quittant Anvers, je me rendis à Brascoët. Là je vis tirer, sous mes yeux, les deux canons de 4 et de 6 du modèle prussien, et je pus aisément me convaincre que ces bouches à feu étaient très supérieures, sous le double rapport de la portée et de la précision, à nos canons de campagne. Je revins à Paris ; ma mission était terminée. Je m'empressai d'aller voir le maréchal Niel, pour lui donner verbalement un premier rapport sur le résultat de mon excursion à la frontière ; puis, en présence du général Lebœuf, qui présidait alors notre comité d'artillerie, je lui fis part de l'impression que m'avait fait éprouver à Brascoët le tir des bouches à feu de campagne de l'armée belge. Quand j'eus fini de parler : « Avez-vous bien vu ce que vous dites? me demanda le général Lebœuf. » — « J'ai si bien vu, lui répondis-je, que comprenant parfaitement la portée de votre question, je demande instamment au Ministre, qui vient de l'entendre, de vouloir bien me renvoyer demain à Brascoët mais, cette fois, avec vous, afin que vous voyiez à votre tour. Je me fais fort d'obtenir des officiers belges qu'ils recommencent, sous vos yeux, les expériences auxquelles ils m'ont fait assister, et qu'ils les fassent plus complètes, si vous le désirez. » Comme le général objectait que ses fonctions le retenaient impérieusement à Paris, en ce moment. « Eh bien! lui dis-je, si vous ne pouvez venir avec moi désignez, je vous prie, pour m'accompagner, l'officier d'artillerie en qui vous avez le plus de confiance ; soit avec vous, soit avec cet officier, je suis prêt à partir, si le Ministre y consent. »

Deux jours plus tard, et sur l'ordre du maréchal Niel, je quittais Paris, emmenant avec moi, le chef d'escadron Berge, l'un des officiers d'artillerie les plus intelligents et les plus capables.

Le général Renard que j'allai revoir, à mon passage à Bruxelles, me mit en rapport avec le général Eyssens, qui commandait toute l'artillerie belge. Ces deux généraux se mirent très gracieusement à ma disposition et m'accompagnèrent dans ma seconde visite au polygone. Sur l'ordre du général Eyssens, les officiers d'artillerie firent exécuter tous les tirs qu'il plut au commandant Berge de leur demander. Les expériences faites sur les canons de campagne durèrent quatre heures. Voici quelques-uns des résultats :

La pièce de 4 avait tiré, à 1,200 mètres, sur une cible circulaire, à trois zones, de un mètre de diamètre. Sur six coups, la cible a été touchée six fois ; deux coups avaient porté sur la zone centrale. Au sixième coup, la cible avait été mise en pièces.

Dans ces premiers essais de tir, les officiers belges s'étaient montrés si confiants dans la précision de leur canon, que plusieurs d'entre eux avaient affecté de se tenir, pendant le tir, tout à fait à découvert, à une distance de un mètre à un mètre et demi de la cible. Les autres tirs, exécutés à des distances plus grandes, soit avec canon de 4, soit avec celui de 6, avaient donné des résultats presque aussi remarquables.

Les expériences terminées et sitôt que le commandant Berge et moi pûmes nous trouver en tête à tête, à Bruxelles, les premiers mots qu'il m'adressa furent ceux-ci : « Mon général, je suis dans la consternation, après ce que je viens de voir à Brascoët. — Eh bien ! répartis-je, cela vous empêchera-t-il de dire la vérité sur ce que vous avez vu ? Je compte bien que vous la direz tout entière. — Assurément, je la dirai, reprit mon interlocuteur ; mais il en sera, je le crains bien, de ce que je dirai, comme de ce que vous avez dit vous-même ; on ne me croira pas. »

Le commandant Berge, dans un rapport fort étendu, rendit compte des expériences auxquelles il avait assisté. Il s'était appliqué, dans ce rapport, à comparer leurs résultats avec ceux que l'on avait obtenus récemment dans nos polygones, dans des tirs *heureux*. L'expression de son opinion sur le canon de campagne belge n'était pas aussi accentuée, aussi nette que celle qu'il avait formulée devant moi à Bruxelles. Il avait apporté, dans son compte rendu, une réserve toute naturelle, parce qu'il lui répugnait de blesser les susceptibilités de ses chefs. C'est pour cela qu'après avoir pris lecture de son rapport, je crus devoir le faire suivre de l'annotation suivante : « J'approuve les conclusions du commandant Berge. Toutefois, quand, après avoir suivi attentivement au camp de Châlons, les exercices de tir avec notre canon de campagne, il m'a été donné de le comparer avec le canon belge ou prussien; la portée et la précision de l'un, avec la portée et la précision de l'autre, il m'est impossible de ne pas reconnaître l'infériorité du premier sur le second. »

C'est dans les premiers jours du mois d'août que je remis le travail du commandant Berge à l'Empereur et au Ministre de la guerre; ce dernier l'adressa au président du comité d'artillerie. Avec quelles instructions, je l'ai toujours ignoré. Ce que je sus, cependant, c'est que le Ministre avait fait acheter en Allemagne deux canons de campagne du système prussien et que ces canons avaient été déposés dans l'établissement de Saint-Thomas-d'Aquin, pour y être soumis à l'examen du comité. Je doute qu'on leur ait jamais fait subir des essais dans un de nos polygones.

De ce que je viens de dire dans les pages précédentes, on peut conclure qu'en 1867 l'attention de l'Empereur et celle du Ministre de la guerre avaient été suffisamment éveillées sur la valeur du canon prussien. pour qu'on se crût obligé de l'étudier sérieusement et de le comparer au canon français. On n'en fit rien cependant, et en voici, je crois, la raison. L'Empereur n'avait pu oublier que le canon français, dont il était l'inventeur pour une grande part, sinon l'unique inventeur, nous avait donné la victoire à Magenta et à Solférino. D'autre part, l'Empereur et le Ministre ne pouvaient guère ne pas tenir compte de l'opinion de nos officiers d'artillerie, lesquels avaient une grande confiance dans leur bouche à feu de campagne. Ils avaient à compter surtout avec le comité d'artillerie qui représentait cette opinion et était composé de généraux capables et ayant fait longtemps la guerre.

Enfin, peut-être aussi qu'à cette époque l'Empereur se berçait-il de l'espoir qu'une nouvelle bouche à feu qu'on fabriquait alors à Meudon, sous son inspiration et avec des fonds empruntés à la cassette particulière (la mitrailleuse), viendrait bientôt compenser avantageusement l'infériorité que pouvait avoir notre canon de campagne sur le canon prussien. Ce qui me paraîtrait le démontrer, c'est qu'à plusieurs reprises l'Empereur m'entretint de ce nouvel engin de guerre qui lui inspirait une très grande confiance, se complaisant à me raconter que les Américains, dans leur guerre de la Sécession, lui avaient dû de très grands succès. Quand la mitrailleuse de Meudon eut été soumise aux premières expériences, l'Empereur me dit encore que sa puissance était si terrible qu'à la distance de 2,000 à 2,200 mètres, elle pouvait jeter, par minute, une nappe de 300 balles sur le front d'un bataillon ; ce qui ferait qu'une infanterie, si solide qu'elle pût être, serait incapable de tenir sous ses feux écrasants. Je me rappelle avoir dit alors à l'Empereur que si le tir de la mitrailleuse était si redoutable à la distance de 2,000 à 2,200 mètres, il était bien désirable qu'on l'expérimentât en terrain accidenté et à des distances variables en deça comme en delà de 2,000 mètres. Je lui racontai à ce sujet que tout récemment, à Satory, j'avais vu tirer à 1,000 et 1,200 mètres une mitrailleuse américaine Gatling, et qu'à chaque coup toutes les balles, au lieu de se disjoindre en nappe, avaient porté sur un seul point ; d'où il résultait que l'effet était le même que celui d'une bouche à feu ordinaire à projectile plein. N'était-il pas possible, dis-je à l'Empereur, qu'un effet pareil fût à craindre, si on tirait le canon de Meudon à des distances moindres de 2,000 mètres. On verra plus loin que ces appréhensions, exprimées en 1868, furent en partie justifiées par l'expérience, quand nous nous servimes de la mitrailleuse de Meudon en 1870.

CHAPITRE V

Études de l'Empereur relatives à la composition
de l'armée.

On a vu précédemment qu'en 1866 l'Empereur avait voulu augmenter les forces militaires de la France et que ses efforts avaient échoué devant l'opposition de ses ministres.

Persuadé qu'il ne devait rien négliger pour améliorer notre état militaire, l'Empereur essaya encore en 1867 de faire introduire des réformes considérables dans l'organisation de notre armée, laquelle était notoirement, sur divers points, incomplète et vicieuse.

A deux reprises différentes, en moins de sept années, il avait pu voir à quels dangers une puissance s'expose quand elle a négligé, en temps de paix, d'organiser son armée de telle façon que toutes ses forces vives puissent être réunies et concentrées instantanément, sans être forcée de recourir à des expédients et d'improviser des créations nouvelles.

En 1853 d'abord, en 1859 ensuite, il avait constaté que son Ministre de la guerre, victime de la routine déplorable qui dominait son administration, s'était laissé surprendre en flagrant délit de non-préparation de guerre.

A ces deux époques, il avait fallu acheminer, en toute hâte, vers le théâtre des opérations, des divisions, des corps d'armée, avant que l'organisation de ces éléments eût été complétée à l'intérieur; avant qu'il eût été possible de leur donner leurs services administratifs, en personnel et matériel. Il en était résulté de très grandes difficultés pour le commandement. Les généraux en chef s'étaient vus forcés d'apporter beaucoup de retard dans leurs premières opérations et, par suite, l'exécution de leurs plans de campagne avait été fort compromise.

Malgré notre organisation si défectueuse, nous étions pourtant sortis victorieux des guerres de Crimée et d'Italie; mais aussi, que d'officiers dans l'armée qui, sans se laisser éblouir par nos succès, confessaient humblement que certainement nous n'aurions pas été si heureux si nous avions trouvé devant nous un ennemi mieux préparé que nous-mêmes et plus prompt à profiter de l'état de faiblesse dans lequel nous nous étions trouvés, au début des opérations.

En 1867, l'Empereur avait, de plus, un exemple saisissant de la supériorité que s'acquiert une armée par sa bonne organisation du temps de paix. N'était-ce pas à cette organisation que l'armée prussienne avait dû, en grande partie, ses succès prodigieux dans la guerre de 1866?

Toutes ces considérations avaient frappé l'attention de l'Empereur. C'est pourquoi il résolut de se livrer personnellement à l'étude de la composition de l'armée française, afin de dégager de cette étude la connaissance des éléments qu'il convenait d'y introduire, pour qu'en tout temps on eût toujours la possibilité de les compléter au moment d'une déclaration de guerre, sans qu'il fût nécessaire de rien créer. Il voulut, en même temps, pour en faire la conclusion de son étude, rechercher quelles étaient les forces actives (brigades, divisions, corps d'armée, etc.) que l'on pouvait former avec les ressources de l'armée permanente, telle qu'on l'entretenait en temps de paix.

L'Empereur m'appela dans son cabinet, dans les premiers jours de mai 1867. Il me fit connaître quel était son projet, et il m'invita à lui prêter ma collaboration. Le maréchal Niel, qui avait été prévenu par l'Empereur de ce qu'il attendait de moi, me donna sans réserve tous les encouragements. Il prescrivit à tous les directeurs de son administration de se mettre entièrement à ma disposition et de me fournir tous les documents dont je pouvais avoir besoin.

L'Empereur se mit sur-le-champ au travail, donnant à des recherches longues et souvent minutieuses tout le temps qu'il pouvait dérober aux affaires de l'État. Pour moi, je m'appliquai tout particulièrement à examiner les questions administratives. J'eus la bonne fortune d'être aidé, dans ces études, par deux fonctionnaires de l'intendance de très grand mérite : l'intendant militaire Pagès et l'intendant général Blondeau, directeur de l'administration au ministère de la guerre. L'Empereur termina son travail le 20 janvier 1868 ; il y avait consacré huit mois ; son manuscrit fut livré à l'impression et tiré à cent exemplaires. L'Empereur en donna dix au Ministre de la guerre ; un à chacun des généraux Lebœuf et Froissard qui présidaient les comités de l'artillerie et du génie ; il m'en remit deux et conserva les autres dans son cabinet.

Le maréchal Niel confia confidentiellement un exemplaire à chacun des directeurs du ministère et il écrivit à l'Empereur, la lettre suivante :

« SIRE,

« Je viens de recevoir l'important travail auquel Votre Majesté s'est livrée avec tant de persévérance. Il nous sera *très utile*, et nous *servira de règle pour mieux constituer nos forces nationales*.

« Il est bien rare qu'un souverain ait approfondi, comme l'a fait Votre Majesté, tous les éléments dont se compose une armée. Je l'en félicite. Je conserve les exemplaires sous clé, et n'en donnerai qu'aux directeurs généraux du Ministère.

« Je suis, etc.

« Maréchal NIEL,

« *Ministre de la guerre.* »

Le document, dû aux études de l'Empereur, avait pour titre : *Composition des armées en 1868.* — Je ne le reproduirai pas en entier dans cet écrit, il suffira, me semble-t-il, que j'en donne le résumé ainsi que les conclusions [1].

Une introduction indiquait l'objet du travail, tel que je l'ai exposé dans les pages précédentes. Elle était suivie d'une série de tableaux qui représentaient, en détail, la composition de chacun des éléments constitutifs d'une armée active sur pied de guerre, depuis la compagnie, l'escadron et la batterie jusqu'à la brigade, la division et le corps d'armée, ainsi que celle des états-majors et des services administratifs, qui entrent dans ces éléments.

Après ces tableaux s'en trouvaient d'autres où était exposée l'organisation de trois armées et de trois corps d'armée de réserve qui constituaient, dans leur ensemble, tout ce que la France pouvait mettre sur pied en 1868.

Le document était complété par un exposé récapitulatif qui en formait la partie la plus importante. Il indiquait les *incomplets* qui existaient dans notre armée du pied de paix et qu'il était absolument nécessaire de lui donner au plus tôt, si l'on ne voulait par s'exposer, comme en 1853 et en 1859, à ne pouvoir mobiliser nos armées promptement et complètement, au moment d'une déclaration de guerre.

Il résultait du travail de l'Empereur, que si l'on faisait

---

1. Ce document a paru, en entier, après la guerre de 1870, dans un livre dû à la plume de M. Lachapelle (Amyot, éditeur, rue de la Paix, Paris).

disparaître les *incomplets* avant le 1ᵉʳ juillet de l'année courante, on serait en mesure de former, à cette date, les trois armées et les trois corps d'armée dont il a été parlé plus haut avec l'effectif de 696,794 hommes que l'armée, sur pied de guerre, pourrait compter alors (non compris dans ce chiffre tous les hommes qui, en vertu de la loi nouvelle, faisaient partie à la même date, de la garde nationale mobile).

Sur ces 696,794 hommes les trois armées et les trois corps d'armée de réserve exigeaient 489,976 hommes ; le surplus était affecté aux dépôts de l'intérieur et destiné à entretenir, au complet, les effectifs en campagnes. Tout ceci était calculé sur l'hypothèse qu'une guerre pût être déclarée au 1ᵉʳ juillet 1868.

Voici, au surplus, quelle pouvait être, dans cette hypothèse, la composition de nos armées actives :

1ʳᵉ armée...............	129,665 hommes.	312 canons.
2ᵉ armée...............	120,894 —	294 —
3ᵉ armée...............	87,113 —	216 —
Garde impériale........	32,580 —	72 —
1ᵉʳ corps de réserve....	26,047 —	24 —
2ᵉ corps de réserve.....	39,361 —	36 —
Totaux...	489,978 hommes.	918 canons.

En dehors des armées d'Europe, le corps d'occupation de l'Algérie :

54,321 hommes.   36 canons.

A la suite de ces chiffres, l'Empereur avait fait les observations suivantes, relatives aux incomplets :

Dans les armées actives, devaient entrer 918 bouches à feu de campagne, ou 153 batteries. L'artillerie française, telle qu'elle était constituée en 1868, n'en comportait pas un plus grand nombre. En rapprochant le chiffre de 918 canons de celui de l'effectif total de nos armées actives, on constatait qu'il répondait, tout au plus, à la proportion de deux pièces et demie par mille combattants. Cette proportion avait été admise comme suffisante dans les guerres que nous avions soutenues précédemment [1].

Mais était-il prudent de s'en contenter en 1868 ? Sans doute on ne se dissimulait pas que lorsqu'on augmente le nombre des bouches à feu, dans une armée, on la rend moins mobile. Mais d'autre part, pouvait-on ne pas tenir grand compte de ce fait que, dans l'armée prussienne, on faisait figurer trois pièces par mille combattants. L'Empereur proclamait la nécessité absolue d'augmenter, dans une sage mesure, soit le nombre des régiments d'artillerie, soit celui des batteries, dans chaque régiment. Cette né-

1. Dans son livre sur la guerre de 1870-1871, livre qui a été publié quand mes souvenirs étaient écrits, depuis plus de deux ans, le général Ambert dit que l'armée du Rhin comptait plus de trois bouches à feu par mille hommes, tandis que l'Empereur, dans son travail, dit que l'artillerie ne pouvait fournir que deux pièces et demie. Cela tient à ce que le chiffre de 489,978 hommes n'a jamais été atteint à l'armée du Rhin. Quinze jours après la déclaration de guerre, nous n'avions que 250,000 hommes à opposer à l'ennemi. Au 5 août, quand l'armée du Rhin se décomposa en deux armées, l'une sous le maréchal Bazaine, l'autre, sous le maréchal de Mac-Mahon, l'effectif des deux armées réunies était de 210,000.

cessité s'imposait surtout, pour l'artillerie à cheval, qui ne pouvait pourvoir, d'une manière convenable, les divisions de cavalerie.

Sur les effectifs de paix de l'artillerie et du train des équipages, il existait un déficit de 4,405 hommes et 20,000 chevaux. Il importait de prendre les mesures nécessaires pour qu'ils fussent toujours prêts à être donnés à ces deux armes, au moment d'une mobilisation.

Le nombre des compagnies du train d'artillerie et du train des équipages représentait, à peu près, le tiers de celui qui était indispensable pour l'organisation des armées actives, sur le pied de guerre.

Les cadres de plusieurs corps spéciaux étaient inférieurs au complet de guerre rigoureusement nécessaire. Il fallait augmenter le corps d'état-major de 90 officiers au moins ; celui de l'intendance de 56 ; celui des officiers d'administration de 80.

L'effectif des infirmiers militaires devait être augmenté de 1,900 hommes.

Sur tous les autres points, nous paraissions être en mesure de faire face aux besoins.

En effet, pour le transport des bagages régimentaires et des bagages des états-majors, nous possédions 2,480 voitures ; le nombre nécessaire était de 3,507. Il ne s'agissait donc que d'en construire 687, et les ateliers de Vernon pouvaient y pourvoir en peu de mois.

Pour les transports du train des équipages, on avait besoin de 2,496 voitures ; nous disposions d'un nombre presque double.

Au point de vue de l'armement, nous étions assurés qu'au 1ᵉʳ juillet de l'année présente, nos manufactures et celles de l'étranger, avec lesquelles nous avions contracté des marchés, nous auraient donné 379,000 chassepots. A cette date, toute notre infanterie affectée aux armées actives serait donc pourvue de ce fusil. Toutefois, il convenait de continuer et d'activer la fabrication, afin d'élever notre approvisionnement jusqu'au chiffre normal représentant trois fois les besoins, c'est-à-dire 1,200,000 fusils.

Il y avait, dans nos arsenaux 3,400,000 cartouches pour le fusil nouveau ; des mesures devaient être prises pour porter dans le plus bref délai, cet approvisionnement à 200,000,000.

Notre artillerie de campagne était approvisionnée à 400 coups par pièce. Il devait être entendu que, sous peu de temps, on constituerait un second, puis un second-double approvisionnement pareil et qu'ainsi chaque pièce aurait 1,600 coups, en magasin, dans les arsenaux.

Ainsi qu'on peut en juger par cet exposé sommaire, j'insiste ici pour que la remarque n'échappe pas au lecteur, l'Empereur ne s'était pas borné, dans ce travail, à donner l'organisation régulière et complète de nos armées ; mais il n'avait rien négligé pour démontrer, à quelles conditions seules, leur formation pourrait être effectuée, en cas de mobilisation. Il s'était attaché, avec un soin tout particulier, à relever nos incomplets du temps de paix pour que l'administration de la guerre, dûment avertie, s'appliquât ensuite à les faire disparaître. Les voies et moyens, il ne les avait pas indiqués, sans doute, mais n'était-ce pas à ceux qui détenaient, dans leurs mains, la haute direction de l'administration de la guerre, n'était-ce pas à ses Ministres qu'incombait le devoir de les rechercher, et d'en faire l'objet de leurs demandes auprès des pouvoirs législatifs ? Au lieu de cela, le travail de l'Empereur, avec les avertissements qu'il renfermait, demeura, pendant des années, à l'état de lettre morte.

Dans sa lettre à l'Empereur, le maréchal Niel écrivait : *Votre travail nous servira de règle pour mieux constituer nos forces nationales.* Que fit-on au ministère pour réaliser cette promesse du maréchal ? Rien ou presque rien. Faut-il en faire le reproche aux directeurs de l'administration de la guerre et à leurs bureaux ? Je n'oserais me prononcer à cet égard ; mais il est certain que, trop souvent, ces bureaux ont été accusés de paralyser la volonté du Ministre, en lui opposant des projets routiniers qui étaient peu sympathiques aux projets de réforme. Ne serait-il pas plus juste de faire peser la faute sur l'opposition que le maréchal rencontra au sein du Corps législatif, quand il essaya de constituer notre armée plus fortement, en 1868 et 1869 ? Je le croirais volontiers. En effet, le maréchal avait l'âme élevée ; son intelligence était supérieure. A plusieurs reprises, il supplia le Corps législatif de lui accorder les crédits, dont il avait besoin, pour améliorer l'état militaire de la France. Sa parole était convaincue, persuasive et portait, avec elle, l'accent du plus ardent patriotisme. Le Corps législatif ne tint aucun compte des avertissements qu'il lui donnait.

Le maréchal Niel voulait, sans aucun doute, augmenter

le nombre de nos batteries ; il voulait transformer l'armement et lui donner un canon qui, en précision et en portée, n'eût point été inférieur au canon prussien. Il fut forcé de renoncer à ses projets, dès qu'il put se convaincre que le Corps législatif lui refuserait les moyens de les mettre à exécution.

Il est bon d'ajouter, d'ailleurs, que les généraux qui avaient en mains la direction de l'arme de l'artillerie, en 1868 et 1869, ne se montraient pas tous convaincus de la nécessité de transformer notre canon de campagne. Parmi eux, plusieurs proclamaient hautement que, si le canon prussien était supérieur au canon français, nos officiers sauraient bien compenser cette infériorité par une tactique nouvelle. Il leur suffirait, disaient-ils, de se montrer, sur le champ de bataille, plus entreprenants que dans les guerres précédentes ; de se porter audacieusement en avant afin de supprimer l'avantage qui résultait pour l'ennemi de la portée plus grande de ses canons.

En résumé, les résolutions du maréchal Niel eurent pour conséquence que, de 1868 à 1870, notre artillerie ne fut pas augmentée d'une seule batterie, et que rien ne fut fait non plus pour transformer le canon.

CHAPITRE VI

**Visite de l'Empereur au camp de Châlons. — Soirée
chez le Prince Napoléon.**

Dans le courant du mois de juin 1868, l'Empereur visita
le camp de Châlons, où je commandais alors une division
d'infanterie. Peu de jours avant son arrivée, le général de
Moltke, en exposant, dans le Parlement prussien, ses théories spéculatives sur l'état des armements, chez les diverses
puissances de l'Europe, avait prononcé quelques paroles
comminatoires à l'adresse de la France ; bien que le général
eût évité soigneusement de la citer nominativement, la
presse française ne s'y était point trompée ; elle avait relevé et commenté avec vivacité la harangue du général
de Moltke. J'en parlai à l'Empereur, et ne lui cachai point
que l'écho des paroles du général, parvenu jusqu'au camp,
y avait produit, sur les officiers, une impression des
plus pénibles.

— Je ne savais rien de ces paroles, me dit l'Empereur ; mais il ne faut pas qu'on s'en émeuve. Les relations entre mon gouvernement et celui de Berlin sont aussi bonnes que je puis le désirer. Nous sommes tout à la paix. A Berlin, on évitera toute occasion de froisser la France, j'en suis convaincu.

— Tant mieux, Sire, répartis-je, si nous sommes à la paix. Mais alors, ce serait bien le moment de faire une guerre à outrance à nos finances, pour augmenter nos forces militaires. Il n'y a pas de moyen plus sûr pour rendre la paix durable. Quand nous serons prêts, on ne songera pas à nous attaquer.

— Assurément, il faudrait faire ce que vous demandez, reprit l'Empereur ; mais comment obtenir, du Corps législatif, les moyens de nous rendre redoutables. Vous savez que j'ai déjà essayé d'augmenter nos forces nationales et de compléter l'organisation de l'armée. Puis-je donc faire plus que ce que j'ai fait ?

Dans une autre circonstance, en novembre 1869, l'Empereur me répéta que nous étions à la paix.

— Mais pourtant, me dit-il cette fois, il serait prudent de songer à l'étude d'un plan de campagne ; une étude de ce genre doit toujours être faite en temps de paix.

— Sire, répondis-je, l'étude d'un plan de campagne n'est guère possible qu'à celui qui, ayant la connaissance des secrets de la diplomatie, sait chez quelles puissances, il y aurait certitude de trouver des alliés. Un plan de campagne qui reposerait uniquement sur des alliances possibles, ou même probables, ne pourrait être considéré comme sérieux.

— Oh ! reprit l'Empereur, on pourrait pourtant établir ce plan sans y faire entrer des conditions d'alliances sûres ou probables. Mais, au surplus, il serait permis de considérer l'alliance de l'Italie, comme certaine, et celle de l'Autriche, comme assurée moralement, sinon activement. »

L'Empereur n'insista pas davantage ; il ne me parla plus de plan de campagne que quelques mois plus tard, au commencement de 1870.

C'est pendant le séjour de l'Empereur, au camp de Châlons où le Ministre de la guerre l'avait accompagné, que je remis, à ce dernier, un mémoire dans lequel j'avais exposé les moyens que l'on employait, dans l'armée prussienne, pour que tous les officiers indistinctement fussent instruits, et pour que, nonobstant une loi militaire qui donnait tout l'avancement à l'ancienneté, tous les grades élevés n'appartinssent qu'à la capacité seule.

J'avais demandé, dans mon mémoire, que notre École d'état-major fût transformée en une École supérieure de guerre, à l'instar de celle qui existait à Berlin, où l'on admettait un grand nombre d'officiers de toutes armes choisis parmi les plus capables de l'armée pour leur donner une instruction générale supérieure.

Le décret en vertu duquel fut créée une nouvelle catégorie de jeunes officiers qui, après deux années d'études, à l'École d'état-major, devaient rentrer dans leurs régiments, avec un diplôme de capacité et le titre d'officiers adjoints au corps d'état-major, fut généralement mal accueilli dans l'armée; mais il faut le dire, il avait au moins le mérite de n'avoir rien emprunté aux institutions de la Prusse.

En dehors des souvenirs que l'année 1869 me rappelait, il en est un dont je crois devoir faire confidence au lecteur, parce qu'il se rapporte à deux hommes qui, en 1870, ont joué, dans l'État, un rôle des plus importants.

Dans les derniers jours du mois de décembre, j'avais reçu du Prince Napoléon l'invitation de me rendre à dîner chez lui; à mon arrivée, je trouvai, dans le salon du Prince, M. Émile Ollivier, le général Trochu, le président Bonjean et quelques autres personnes. Je me hâte d'en faire la remarque, ceci se passait précisément au moment où toute la presse annonçait la formation du cabinet Ollivier. On parlait du travail auquel ce dernier se livrait, pour la formation de son ministère. Il ne me fut pas difficile de deviner les motifs qu'avait eus le Prince, pour mettre en présence M. Émile Ollivier et le général Trochu. Il avait voulu procurer au premier le moyen d'apprécier les idées militaires et le caractère du second. Aussi, à peine sortis de table, sur l'initiative de l'un des principaux convives, la conversation fut engagée exclusivement sur l'armée, ce qui était donner beau jeu à la parole si facile et si séduisante du général Trochu. Il ne se fit pas prier, bien entendu; il exposa à ses auditeurs, dans un très long plaidoyer, tous les vices qui corrompaient et perdaient l'armée française. Il parla longuement de son esprit de chauvinisme aveugle; de la manie des oripeaux et des plumets dont on décorait les uniformes. Il rappela, en somme, tout ce qu'il avait écrit dans le livre qu'il avait publié en 1867. Quand il eut fini : « Vous venez de nous tenir, pendant une heure, sous le charme de votre parole, lui dit M. Émile Ollivier, je ne saurais assez vous en remercier. » Un instant après, tous les convives prenaient leurs chapeaux, et allaient prendre congé de la Princesse Clotilde et du Prince Napoléon, quand ce dernier me retint en me disant :

— Il ne faut pas cependant que tout le monde s'en aille en même temps, restez, donc encore un instant.

— Il faut convenir, dis-je au Prince, que la parole du général Trochu est bien séduisante.

— Oui, sans doute, répartit le Prince Napoléon; mais voulez-vous me dire ce qu'il reste, pour nous, de tout ce qu'il a exposé? A-t-il dit un seul mot des moyens à employer pour corriger les vices qu'il voit partout dans l'armée?

La déclaration si flatteuse, dont M. Émile Ollivier avait fait suivre les paroles du général Trochu, avait pu me faire penser que le général serait appelé à faire partie du cabinet qui allait se former, sous peu de jours.

Le 2 janvier 1870, M. Émile Ollivier était nommé président du ministère, et le général Trochu n'en faisait point partie. M. Émile Ollivier avait-il fait quelques tentatives pour l'y faire admettre? Avait-il dû s'incliner devant une opposition, venant de l'Empereur, ou de ses collègues, dans le cabinet qu'il devait présider?

Je n'en ai rien su.

CHAPITRE VII

Le Plébiciste. — Le commandement d'une division
à Paris.

En 1870, et à l'époque du plébiscite, je commandais une division d'infanterie à Paris. Les corps de cette division occupaient la caserne du Prince-Eugène, sur la place du Château-d'Eau, celle de la Courtille, dans la rue du Faubourg-du-Temple et celle de Reuilly. Je ne raconterai pas ici les événements qui eurent lieu, à cette époque, dans la capitale. Cela me ferait sortir du cadre que je me suis tracé, dans le récit tout militaire de mes souvenirs. Je me bornerai à démontrer, dans ce chapitre, la situation délicate dans laquelle peut se trouver un commandant de troupes, quand, tout à coup, autour de lui, l'agitation politique s'est emparée de la rue.

Le gouvernement avait pris une détermination malheureuse en décidant que, pour le plébiscite, présenté à la sanction du peuple français, les militaires sous les drapeaux seraient appelés à voter, comme les autres citoyens. Le gouvernement pouvait-il douter qu'en donnant à nos soldats une occasion de se soustraire, pour un instant, à toute règle d'obéissance et de discipline, et d'user d'une entière liberté pour exprimer leur opinion, cette opinion serait absolument contraire à celle qu'ils supposeraient devoir être celle de leurs chefs. Il fallait connaître bien peu le soldat pour supposer qu'il en pût être autrement.

L'émotion fut grande, au sein du gouvernement, quand on put constater qu'un assez grand nombre de soldats avaient voté avec l'opposition.

Dans ma division, le dépouillement des votes avait été, en grande majorité, favorable au gouvernement. Dans un seul corps, le 7me bataillon de chasseurs à pied, la majorité s'était prononcée contre lui. Tout aussitôt, il ne fut question que d'éloigner ce bataillon de la capitale. Je crus de mon devoir d'aller trouver l'Empereur, pour lui représenter combien une pareille mesure me paraîtrait intempestive, et pour lui donner l'assurance que les reproches, encourus par le 7me bataillon de chasseurs à pied, n'infirmaient en rien la bonne opinion que j'avais sur son bon esprit militaire. Je lui affirmai que j'en répondais si bien, que si, par malheur, il survenait des troubles, autour de moi, dans les journées suivantes, ce serait en tête de ce bataillon que je marcherais pour les réprimer, certain qu'il ferait son devoir.

L'Empereur se laissa facilement convaincre. Le 7me bataillon ne fut pas envoyé en province, et les faits vinrent bientôt confirmer ce que j'avais prédit, en plaidant sa cause.

Dans les deux journées qui suivirent le vote, il y eut de l'agitation dans quelques quartiers de Paris, et un peu plus qu'ailleurs, dans celui du faubourg du Temple. La menace de troubles était partout autour de mon quartier général, établi à la caserne du Prince-Eugène ; de troubles sérieux, il n'en existait réellement point. Mais cela n'empêchait pas, qu'à tout instant, je me visse accosté par certains amis du pouvoir, qui s'efforçaient à me décider à employer la force, sans plus attendre, pour réprimer une émeute qu'ils voyaient flagrante. Pour moi elle n'était qu'à l'état latent.

D'autre part, je recevais, d'heure en heure, du maréchal Canrobert, commandant l'armée de Paris, des télégrammes m'informant que des membres du gouvernement siégeant près de lui, à son quartier général, me recommandaient instamment de n'agir qu'avec prudence, et de ne recourir à la force, que lorsqu'il ne serait plus possible de faire respecter autrement la loi sur les attroupements.

Tiraillé, d'un côté, par des gens qui semblaient me faire un reproche de mon attitude trop expectante (j'attendais trop, disaient-ils, *pour faire un exemple*), et de l'autre, par des Ministres qui m'invitaient à ne pas faire couler le sang *sans absolue nécessité*, j'aurais pu m'émouvoir des insinuations des uns et des conseils des autres. Mais mon parti était bien arrêté de n'obéir qu'à ma conscience et aux instructions qui m'avaient été données par le maréchal Canrobert, mon chef hiérarchique.

Curieux cependant de m'édifier sur ce que pouvait désirer de moi, celui-là seul qui, placé au-dessus du maréchal, aurait pu blâmer ma conduite, je courus aux Tuileries et racontai à l'Empereur ce qui se passait.

— Sire, lui dis-je, voici les instructions que j'ai données à mes chefs de corps ; ce sont celles que j'ai reçues moi-même du maréchal Canrobert :

« Si je vous fais sortir de vos casernes, ce qui n'arrivera que lorsque la police municipale m'aura déclaré qu'elle est impuissante à rétablir l'ordre dans la rue, vous n'emploierez les armes et ne ferez tirer que lorsque des coups de feu auront été tirés sur nos soldats. »

Je veux éviter, Sire, tout ce qui pourrait servir de prétexte pour faire croire que nous voulons une journée de sang. L'Empereur m'approuve-t-il ? S'il ne m'approuvait pas, je suis prêt à remettre mon commandement à un autre.

— Non seulement je vous donne toute mon approbation, me répondit l'Empereur, mais je vous prie de persévérer dans votre attitude calme, prudente et ferme.

Dans la soirée, des barricades furent commencées dans la rue du Faubourg-du-Temple ; une, entre autres, tout près de la caserne du Prince-Eugène. Derrière elle, s'était formé un attroupement considérable. La police avait inutilement fait des efforts pour le dissiper.

Je fis sortir le 7me bataillon de chasseurs à pied et le 7me de ligne; et, à la tête du bataillon de chasseurs, je me dirigeai vers la barricade. Arrivé à une quarantaine de pas, j'invitai le commissaire de police, qui m'accompagnait, à faire les sommations légales. Pendant qu'il y procédait, des pierres furent lancées de la barricade, et l'une d'elles vint frapper un capitaine d'état-major qui se trouvait près de moi ; mais aucun coup de feu ne fut tiré. Je me contentai de lancer les premières compagnies de chasseurs sur la barricade qui fut enlevée en un clin d'œil. La foule des émeutiers s'était précipitée dans les rues adjacentes ; quelques coups de crosse avaient suffi pour disperser les plus obstinés.

Je ne jurerais pas que, dans la bagarre, quelques coups de baïonnette n'eussent été donnés ; mais il n'en résulta, à ma connaissance, aucun cas de mort d'homme. Sitôt que la tranquillité eut été rétablie, le maréchal Canrobert me donna communication d'une lettre de l'Empereur dans laquelle il adressait ses félicitations à l'armée de Paris et en particulier au général, commandant la 3ᵉ division d'infanterie casernée au Prince-Eugène et à Reuilly, « qui avait su contenir l'émeute rien que par son attitude calme et énergique ». Suivant les intentions de l'Empereur, le maréchal mit cette lettre à l'ordre du jour de l'armée de Paris.

CHAPITRE VIII

**Voyage de l'archiduc Albert en France. — Conférence
aux Tuileries. — Mon départ pour Vienne. — Entrevues
avec l'archiduc.**

En 1870, un prince de la maison d'Autriche, l'archiduc
Albert, vint visiter la France pendant les mois de mars et
d'avril. Il parcourut tout le territoire pour y étudier l'organisation de notre armée, voir nos grands établissements
militaires, nos arsenaux, nos grands ports maritimes, nos
forteresses et juger enfin de la puissance de l'état militaire
de notre pays. Le but secret et le plus sérieux de son
voyage, c'était d'y trouver l'occasion de pouvoir s'entretenir
avec l'Empereur Napoléon III, de questions qui intéressaient
l'Autriche et la France.

L'archiduc Albert est le fils et le digne héritier des
talents militaires de l'archiduc Charles qui, dans les premières années de ce siècle, s'illustra glorieusement en

opposant son génie à celui de Napoléon Ier. Il est l'oncle de François-Joseph, le souverain de l'Empire austro-hongrois. C'est lui qui, en 1866, défit l'armée italienne à Custozza, tandis que le général Bénédech, à la tête des principales forces de l'Autriche, était battu à Sadowa.

La victoire de Custozza a fait à l'archiduc, dans le monde militaire européen, une position tout exceptionnelle parmi les généraux réputés comme capables de commander des armées. De là, le poste de confiance auquel l'Empereur François-Joseph l'a appelé après 1866, en lui confiant le commandement en chef et permanent de ses armées.

A Paris, l'archiduc avait vu plusieurs fois l'Empereur ; lorsque vers l'un des premiers jours du mois d'avril 1870, ce dernier me fit connaître, en confidence, que le prince et lui étaient tombés d'accord pour reconnaître qu'une entente entre la France et l'Autriche était désirable, en prévision d'une guerre possible entre ces deux puissances et la Prusse. Il avait été arrêté entre eux, me dit l'Empereur, qu'un plan de campagne serait concerté, aussitôt que possible, entre la France et l'Autriche ; et déjà l'archiduc lui avait exposé ses idées personnelles, au sujet de ce plan. De plus, il avait été convenu que, sitôt l'archiduc rentré à Vienne, ce qui devait avoir lieu un mois plus tard, il s'assurerait de l'assentiment de son souverain, et qu'avisé par lui de cet assentiment, l'Empereur enverrait alors à Vienne, un de ses généraux ayant toute sa confiance, avec qui le prince pourrait discuter et arrêter les bases essentielles du plan dont il s'agissait. L'Empereur termina sa confidence en me disant qu'ayant pensé à moi pour cette mission, il m'invitait à me tenir prêt à me mettre en route, pour Vienne, dans les premiers jours de mai.

A la date du 18 de ce mois, le maréchal Lebœuf, Ministre de la guerre, m'informait que le lendemain, lui, le général Frossard, le général Jarras (directeur du dépôt de la guerre) et moi, nous serions reçus par l'Empereur aux Tuileries, pour examiner, avec lui, la question d'un plan de campagne à concerter entre la France et l'Autriche.

Dans la conférence qui eut lieu le 19, l'Empereur exposa brièvement les idées que l'archiduc Albert avait émises, devant lui, deux mois auparavant. Il dit que, dans ce plan, on devait non seulement faire entrer les forces militaires dont la France et l'Autriche pouvaient disposer; mais celles de l'Italie, pas en totalité, toutefois, mais jusqu'à concurrence de 100,000 hommes, que le Roi, Victor-Emmanuel, promettait de joindre aux armées des deux grandes puissances, si elles s'alliaient en vue d'une action commune pour résister aux projets ambitieux de la Prusse.

L'Empereur, exprimant ensuite son opinion personnelle, se déclara favorable à un plan de campagne qui reposerait sur les données suivantes, abstraction faite des détails d'exécution, détails que l'on aurait à discuter plus tard, si ces données étaient admises par l'Autriche.

La guerre étant déclarée, trois armées, de 100,000 hommes chacune, l'une française, une autre autrichienne et la troisième italienne, envahiraient aussitôt le territoire du midi de l'Allemagne. Les trois armées auraient pour premier objectif, un point central du territoire de ces Etats.

Elles s'y concentreraient sous le commandement d'un généralissime, désigné d'avance par les trois souverains intéressés. Sur les 300,000 hommes réunis ainsi, un corps de 30 à 40,000 Italiens serait jeté à Munich pour occuper, en permanence, cette capitale de la Bavière. Au moyen de ces premières dispositions, on pouvait espérer que l'on détacherait de la Prusse les forces de la Bavière, du Wurtemberg et du grand-duché de Bade, ou que, tout au moins, on retarderait beaucoup la mobilisation, dans ces trois États, en fournissant à leurs gouvernements un prétexte plausible pour ne pas se presser de hâter cette mobilisation.

Ce premier résultat obtenu, l'armée alliée, diminuée des 40,000 Italiens laissés à Munich, se dirigerait vers le haut Mein pour aller prendre pied en Franconie et s'y établir sur une base d'opérations s'étendant de Würtzbourg à Nuremberg ou Amberg. C'est de cette base qu'elle partirait ensuite, pour commencer les grandes opérations de la campagne.

Pendant le temps que mettraient ces trois armées pour envahir le midi de l'Allemagne, toutes les forces de la France et de l'Autriche, autres que celles employées dans ces armées, seraient concentrées, aussitôt que possible, pour former les deux armées principales des puissances alliées ; une armée française sur la Sarre et dans la basse Alsace, à cheval sur les Vosges ; une armée autrichienne, entre Egra et Pilsen. Avec le reste de ses forces disponibles, l'Autriche formerait une dernière armée destinée à sa défense intérieure et à couvrir Vienne. Celle-ci serait réunie en Bohême, sur la frontière de Silésie.

Ces dispositions prises, la grande armée française franchirait le Rhin, soit au-dessus, soit au-dessous de Strasbourg, ne laissant derrière elle, sur la rive du Rhin, que les forces jugées nécessaires pour couvrir la frontière du côté de la Sarre ; elle se porterait ensuite vers la Franconie. L'armée principale autrichienne y serait dirigée également, après entente entre les généraux en chef, combinée de telle sorte que les deux grandes armées pussent se réunir, au même jour, aux forces déjà établies sur la base d'opérations *Würtzbourg-Nuremberg-Amberg*. La concentration étant opérée sur cette base, le généralissime n'aurait plus, pour les opérations ultérieures, qu'à se conformer absolument au plan de Napoléon Ier, en 1806. Avec des forces supérieures à celles que la Prusse pouvait lui opposer, la grande armée alliée franchirait les défilés de la Thuringe et marcherait directement sur Berlin, par Wassenfels et Leipzig. Vraisemblablement, ce serait dans la plaine de Leipzig que serait livrée la première bataille, et il y avait de grandes chances pour que la victoire restât aux alliés.

Telles furent, dans leur ensemble, les données principales du plan de campagne que l'Empereur soumit à la commission et au sujet desquelles quelques observations lui furent présentées ; une, entre autres, dont l'importance était capitale ; la voici :

D'un commun accord, le Ministre de la guerre, le général Frossard, le général Jarras et moi, déclarâmes à l'Empereur que la première des conditions à obtenir des puissances qui s'allieraient à la France, dans une entreprise contre la Prusse, c'était que les trois gouvernements s'engageraient à accepter ou à déclarer la guerre et à mobiliser leurs armées, le même jour; que de plus, ces armées entreraient en opérations, également le même jour. Sur cette observation, l'Empereur, ayant fait connaître que j'allais me rendre à Vienne, auprès de l'archiduc Albert, pour y arrêter avec lui le projet de plan de campagne dont il venait de parler, il fut entendu que je ferais tous mes efforts pour obtenir que la condition sur laquelle on avait insisté, en la représentant comme condition *sine qua non*, fût admise par l'Autriche.

Je quittai Paris le 28 mai et pris, pour me rendre à Vienne, l'itinéraire qui m'avait été indiqué par l'Empereur. Je passai par Cologne, Berlin, Dresde et Prague, afin de trouver dans ces grands centres d'agglomération de troupes allemandes, une occasion de voir ces troupes, dans leurs exercices du printemps; de me faire une idée exacte de leurs effectifs de paix, et de juger aussi de leur instruction et de leurs nouvelles méthodes de tactique.

J'arrivai à Vienne le 6 juin. Le lendemain je pus remettre à l'archiduc Albert, la lettre autographe de l'Empereur Napoléon III qui m'accréditait auprès de lui, et sur-le-champ, le Prince et moi, nous nous entretînmes de la question dont l'objet était indiqué dans cette lettre.

Je ne parlerai point ici de toutes les propositions qui furent successivement discutées, entre l'archiduc et moi, les 7, 8, 9, 13 et 14 juin. Je me bornerai à faire connaître

les bases sur lesquelles le Prince concerta avec moi le plan
de campagne que je devais emporter à Paris.

Les bases importantes, c'étaient, d'une part, le temps
qui serait nécessaire à la France pour mobiliser son armée
et la concentrer à la frontière, et aussi l'effectif des forces
actives que comprendrait cette armée, et d'autre part,
le temps que l'Autriche aurait à employer, de son côté,
pour mobiliser ses armées, et quelle serait l'importance
de ces armées.

En ce qui concerne la France, il me fut facile d'édifier
complètement l'archiduc Albert. Avant mon départ de
Paris, j'avais eu le soin de m'édifier moi-même, en prenant, pour cela, des renseignements précis, près du Ministre de la guerre.

On n'a pas oublié, sans doute, qu'en 1868, le maréchal
Niel, alors Ministre de la guerre, avait donné à l'Empereur, l'assurance que, grâce aux mesures arrêtées par lui,
l'armée française pourrait toujours être mobilisée et concentrée à la frontière en neuf jours ; un peu plus tard, il
avait reconnu que ces neuf jours étaient insuffisants, et
qu'il fallait compter sur quatorze à quinze jours. Peu ras-
suré que j'étais sur l'efficacité des dispositions prises par
le maréchal, j'avais prié le maréchal Lebœuf, son successeur, de me dire quel degré de confiance il accordait lui-
même à ces dispositions, et celui-ci m'avait déclaré que
je pouvais affirmer, à Vienne, que l'armée française serait
mobilisée en quatorze jours, et que le quinzième jour, elle
franchirait la frontière, si cela était nécessaire. Ce fut donc
ce chiffre de quinze jours que je donnai à l'archiduc Albert,

comme limite du temps qu'il fallait, en France, pour mobiliser et concentrer les forces actives, après une déclaration de guerre.

Sur le chiffre de l'effectif de ces forces, j'avais également interrogé le maréchal Lebœuf, qui m'avait répondu
que s'il était vrai que, dans son travail fait en 1868, l'Empereur eût donné le chiffre de 489,000 hommes environ,
comme étant celui de l'effectif des forces actives que la
France pouvait réunir, il était prudent de tenir compte des
non-valeurs; mais que ceci admis, je devais donner à l'archiduc Albert l'assurance que l'effectif de notre armée
active serait de 400,000 hommes au minimum. C'est ce
chiffre de 400,000 hommes, que je donnai au Prince [1].

Quand nous en vînmes, l'archiduc et moi, à la question
des forces que l'Autriche pouvait constituer activement
pour les joindre à celles de la France et de l'Italie, j'y
trouvai tout d'abord l'occasion d'exposer les recomman-
dations qui m'avaient été faites à Paris, par l'Empereur et
par le Ministre de la guerre. Je ne dissimulai pas à l'archiduc que, dans l'opinion de l'Empereur, la première des
conditions qu'il y avait à insérer dans le plan à arrêter,
c'était qu'en France, en Autriche et en Italie, on mobili-
serait les armées, à la même heure, au moment d'une
déclaration de guerre; et que simultanément ensuite, ces
armées commenceraient leurs premières opérations de
guerre.

Quant aux forces dont l'Autriche pouvait disposer, l'ar-

---

1. Plus tard, il fut reconnu que ce chiffre avait été exagéré.

chiduc me donna, sur-le-champ, des indications précises
et satisfaisantes. Il résultait des calculs auxquels il s'était
déjà livré, me dit-il, que ces forces étaient telles qu'en les
joignant à celles de la France et de l'Italie, les armées
alliées réuniraient environ 1,300,000 hommes dans une
guerre contre la Prusse. Malheureusement, ajouta le prince,
il serait impossible que l'Autriche et l'Italie fissent ce que
demandait l'Empereur, c'est-à-dire qu'elles commençassent
leurs opérations en même temps que l'armée française
pourrait commencer les siennes.

L'archiduc Albert me représenta alors qu'il ne saurait,
à cet égard, malgré tout le désir qu'il en pût avoir, faire
au nom de l'Autriche, une promesse que celle-ci serait
impuissante à tenir. En effet, me dit-il, aussi longtemps
que l'Autriche n'aura pas modifié ses institutions militaires,
et que d'autre part, elle n'aura pas développé le réseau de
ses voies ferrées, elle éprouvera la plus grande difficulté
pour mobiliser ses armées, et les concentrer à la frontière.
Si la guerre devait éclater tout à coup, à l'improviste, entre
la France et la Prusse, il était de toute évidence que les
premiers chocs auraient lieu dans un délai de quinze jours
après la déclaration de guerre. Or il était matériellement
impossible que les armées autrichiennes pussent être mobilisées dans un temps aussi court. D'après les calculs qu'il
avait faits avec soin, l'Autriche avait besoin de quarante-
deux jours pour la mobilisation de ses armées. Les difficultés étaient d'ailleurs les mêmes pour l'Italie. Il fallait
à cette puissance, le même nombre de jours, ne dût-elle
mobiliser que 100,000 hommes seulement. Toutefois,

ajouta-t-il, on pourrait donner satisfaction, dans une large mesure, à la demande de l'Empereur Napoléon. Il suffirait, pour cela, d'arrêter dans le plan de campagne, qu'il s'agissait de concerter entre les puissances alliées, qu'au premier ordre de mobilisation donné soit en France, soit en Prusse, l'Autriche et l'Italie donneraient le même ordre pour leurs armées, en prenant vis-à-vis de la Prusse, l'attitude d'une neutralité armée. La mobilisation, en Autriche et en Italie, forcerait la Prusse à se tenir en garde contre les intentions secrètes qu'elle pourrait prêter à ces deux puissances, et l'obligerait à retenir une portion considérable de ses forces en Silésie, d'une part, et de l'autre en Saxe, sur la frontière de la Bohême. Dans cet ordre d'idées, affirmait l'archiduc, il ne pouvait y avoir pour la France, aucun danger, à ce qu'elle commençât la guerre avec ses seules forces estimées à 400,000 hommes, et la soutint pendant quarante à quarante-deux jours ; car pendant ces quarante-deux jours, l'armée prussienne ne pourrait lui opposer des forces supérieures, voire même égales. Après ces quarante-deux jours employés à la mobilisation de leurs armées, l'Autriche et l'Italie pourraient démasquer leur alliance, et leurs armées se joindraient aussitôt à celles de la France.

Je discutai longuement ces idées avec l'archiduc, m'attachant à lui démontrer combien l'Empereur regretterait que l'Autriche et l'Italie ne pussent point déclarer ou accepter la guerre en même temps que la France. Le Prince entra dans des détails pour me persuader que l'Autriche ne pouvait faire plus que ce qu'il proposait, parce qu'en son nom, il ne pouvait faire une promesse qu'elle ne pourrait tenir.

L'Autriche se refusait à déclarer la guerre le même jour que la France, parce qu'il lui fallait plus de temps pour mobiliser ses armées. Le motif allégué par l'archiduc Albert était-il suffisant pour qu'après une déclaration de guerre entre la France et la Prusse, l'Autriche fût condamnée à conserver les apparences de la neutralité pendant quarante à quarante-deux jours ; cela paraissait très contestable. Il y avait sans doute un motif plus sérieux que l'archiduc ne pouvait me faire connaître, mais que je crus avoir pénétré avant mon départ de Vienne ; je n'en dirai rien, sinon qu'il tenait à la situation politique de l'Empereur François-Joseph, vis-à-vis de ses peuples. Ce souverain avait fait deux guerres malheureuses en 1859 et 1866 et ses peuples ne l'avaient pas plus oublié que lui-même. Il ne pouvait en entreprendre une nouvelle, que s'il était forcé de la faire avec des chances de succès certaines. C'était pour cela, autant que je pus le croire, que la mobilisation de l'armée autrichienne devait demander quarante-deux jours. Ah ! que l'entente militaire entre l'archiduc Albert et moi eût été vite établie, si le Prince avait été libre de n'y faire intervenir que dans des limites plus restreintes cette question des quarante-deux jours nécessaires à l'armée autrichienne pour opérer sa mobilisation.

Forcé de renoncer à obtenir de l'archiduc Albert qu'il voulût bien ne pas repousser entre toutes les conditions qui devaient servir de base au plan de campagne, celle à laquelle l'Empereur Napoléon III tenait comme étant une condition *sine qua non*, je n'en poursuivis pas moins, avec le Prince, l'étude de ce plan.

J'objectai à l'archiduc que si l'Autriche avait, en effet, besoin de quarante à quarante-deux jours pour mobiliser son armée, et de conserver, pendant tout ce temps, vis-à-vis de la Prusse, l'apparence de la neutralité, elle pouvait néanmoins, nonobstant cette apparence, prêter à la France, au lendemain d'une déclaration de guerre, un appui bien autrement efficace que la démonstration résultant uniquement de la mobilisation de ses armées. A mon avis, dis-je au Prince, il n'y avait qu'à insérer dans le plan de campagne, un engagement formel obligeant l'Autriche à concentrer, dès le lendemain d'une déclaration de guerre, avec les forces du temps de paix, deux corps d'armée de 35 à 40,000 hommes, l'un à Pilsen, sur la frontière de Saxe, l'autre à Olmutz, du côté de la Silésie, ce qui n'empêcherait en rien l'armée autrichienne de se livrer aux opérations de la mobilisation.

L'archiduc Albert consentit à faire droit à ma proposition. Dans la journée du 13 juin, le Prince arrêta *verbalement*, avec moi, toutes les stipulations qui devaient constituer le plan de campagne qui devait être soumis ultérieurement à l'approbation des trois souverains intéressés. Après avoir discuté ces stipulations, l'archiduc me représenta que si l'on devait avoir la guerre avec la Prusse, il était désirable qu'on ne commençât pas cette guerre par une campagne d'automne. Il convenait, à son avis, d'éviter, si cela était possible, de jeter les armées alliées au cœur de la Prusse, à l'époque où la saison y devient rigoureuse, les soldats de l'armée prussienne étant mieux préparés que ceux de la France, de l'Autriche et de l'Italie, à supporter les grands froids. Toutefois, ajouta le Prince, comme on ne saurait se flatter d'avoir toujours pour soi, le choix de la saison, ces observations n'ont qu'un but : c'est qu'on tienne, autant que possible, compte des motifs qui militent en faveur d'une campagne faite au printemps, plutôt qu'en automne.

Le plan de campagne avait été arrêté ; mais verbalement seulement, comme je l'ai déjà dit. J'aurais pu, pour en porter les conditions à Paris, me contenter des notes très précises dans lesquelles je les avais consignées au cours des délibérations. Cependant, pour me donner la certitude de pouvoir exposer très exactement à l'Empereur, toutes les dispositions arrêtées entre l'archiduc Albert et moi, sans en rien oublier et sans y apporter aucun changement, je priai le Prince de vouloir bien me permettre de les résumer, par écrit, dans un travail que je soumettrai à l'Empereur. « Je puis encore faire mieux, pour répondre à votre intention, me dit le Prince ; je vous propose de rédiger moi-même tout le plan de campagne et d'y joindre toutes les pièces explicatives que j'ai mises sous vos yeux, pendant nos délibérations ; huit jours me suffiront pour cela, et je vous ferai parvenir mon travail à Paris, par voie sûre ». J'acceptai avec empressement l'offre gracieuse du Prince.

Dans le cours de l'entretien de ce jour, 13 juin, l'archiduc me fit connaître que l'Empereur François-Joseph désirait me voir avant mon départ de Vienne. « L'Empereur vous recevra demain, me dit-il, au château de Laxembourg où il se trouve en ce moment. Il a été convenu que je vous conduirai moi-même au château et vous présenterai à Sa Majesté. »

Dans le rapport à l'Empereur Napoléon, qu'on trouvera reproduit dans le chapitre suivant, j'ai rappelé textuellement l'entretien que j'eus à Laxembourg avec l'Empereur François-Joseph.

Il n'y avait pas deux manières d'interpréter les paroles qui m'avaient été adressées par l'Empereur d'Autriche. Dans le cas d'une guerre qui, tout à coup, éclaterait entre la France et la Prusse, il ne demandait pas mieux que d'assurer à l'Autriche la possibilité d'unir ses armées aux armées françaises ; car de leurs efforts faits en commun, il pouvait résulter des avantages considérables pour l'empire austro-hongrois. Mais pour sa propre responsabilité vis-à-vis de ses peuples, il ne voulait pas que, par une déclaration de guerre faite le même jour, en France et en Autriche, celle-ci s'engageât dans une campagne dont le but avoué serait uniquement de combattre les ambitions insatiables de la Prusse. Il lui fallait plus que cela ; il voulait que ses peuples pussent dire qu'il était forcé de faire la guerre ; et cela n'arriverait, pensait-il, que le jour où l'Empereur Napoléon jetterait une armée française au cœur des États du midi de l'Allemagne, en se déclarant protecteur de ces États vis-à-vis de la Prusse.

Pendant mon séjour à Vienne, j'étais allé visiter Pesth,

pour y voir les troupes austro-hongroises stationnées dans cette place. Après avoir pris congé de l'archiduc Albert, je quittai Vienne le 15 juin, pour me rendre à Prague, où je passai vingt-quatre heures ; puis à Dresde, Munich, Stuttgart, où je vis les troupes saxonnes et wurtembergeoises.

Je rentrai à Paris le 22 juin. Le lendemain, je me rendis aux Tuileries, pour faire à l'Empereur un premier rapport verbal sur le résultat de ma mission. Mon premier soin fut de lui apprendre, qu'à mon très grand regret, il m'avait été impossible d'obtenir de l'archiduc Albert que, dans le plan de campagne, on inscrivît la condition à laquelle l'Empereur attachait le plus d'importance. Je lui fis connaître les motifs que l'archiduc avait invoqués pour me démontrer l'impossibilité dans laquelle se trouvait l'Autriche de commencer les opérations de guerre en même temps que la France. Avant de quitter l'Empereur, je lui dis que sous quarante-huit heures, je pourrai lui remettre mon rapport écrit et que, peu de jours après, je mettrai sous ses yeux le plan de campagne que l'archiduc m'avait promis de rédiger et de m'envoyer par voie sûre.

Je reçus le travail du Prince dans les délais qu'il m'avait indiqués et je le portai à l'Empereur qui m'invita à lui en donner lecture. Il était impossible, et j'en ai donné le motif, que l'Empereur s'en montrât satisfait. Il ne me dissimula pas le regret qu'il éprouvait à constater que des diverses propositions que j'avais portées à Vienne, en son nom, celle qui, à ses yeux, était la plus importante, n'avait pu être accueillie favorablement.

Je cherchai à démontrer à l'Empereur que des concessions m'avaient été faites et de nature à atténuer beaucoup les conséquences fâcheuses qui pouvaient résulter de ce qu'on n'y trouvait pas insérée la condition à laquelle il tenait tant. « N'est-on pas fondé à penser, dis-je, que les premières démonstrations de l'Autriche seraient de nature à produire un grand effet moral à Berlin, bien que faites sous les apparences de la neutralité? — N'est-il pas certain que la Prusse se verrait tout aussitôt forcée de se garder du côté de la Saxe et de la Silésie? En fin de compte, ajoutai-je, rien n'ayant encore été arrêté comme irrévocable, peut-être ne serait-il pas impossible d'obtenir de l'Autriche, qu'on apportât dans le plan proposé à l'approbation de l'Empereur, des modifications qui lui donneraient pleine et entière satisfaction »; d'autant que tout ce qui m'avait été dit par l'archiduc Albert m'avait paru être marqué au coin de la sincérité la plus parfaite, et n'affirmer que des sympathies très vives de l'Autriche pour la France.

A ces considérations, l'Empereur n'objecta rien. Quand je le quittai, laissant entre ses mains le document que je lui avais apporté, j'emportais avec moi la conviction qu'il poursuivrait par la voie diplomatique, les démarches que j'avais faites à Vienne et que, très sûrement, il ferait consacrer dans un traité d'alliance offensif et défensif, l'union intime de la France, de l'Autriche et l'Italie, en cas de guerre avec la Prusse. En vérité, je ne pouvais m'imaginer qu'il en pût être autrement.

CHAPITRE IX

Comment les documents qui vont suivre
me sont parvenus.

———————

Les deux documents qu'on va lire, sont revenus en ma possession dans des circonstances qu'il me paraît bon de faire connaître au lecteur.

Quelques jours après ma rentrée de captivité, me trouvant à Versailles, dans le cabinet du général Valazé, alors sous-secrétaire d'État à la guerre, le général me dit : « Vous seriez bien étonné, mon cher ami, si je vous mettais sous les yeux un document signé de vous, que je viens de lire avec un bien vif intérêt. — Qu'est-ce donc que ce document, répartis-je ; voudriez-vous parler d'un travail fait par l'Empereur, avec ma collaboration en 1867, sur la composition et l'organisation de notre armée? — Oh ! non, répondit le général ; ce travail, je l'ai eu autrefois entre les mains ; mais il s'agit d'un écrit bien plus important. » Puis tout à coup, ouvrant un tiroir de son bureau, il en retira, pour me les montrer, les deux manuscrits dont je vais donner la copie plus loin.

« Il est des gens, ajouta le général, qui vous ont accusé d'avoir demandé la guerre ; votre rapport à l'Empereur que voici, répond victorieusement à cette calomnie. Je vais bien vous étonner en vous racontant comment ces documents sont venus entre mes mains. Les papiers que le maréchal Bazaine avait laissés à Metz, ont été saisis et apportés au ministère de la guerre. En les compulsant, un employé y trouva, dans un registre, où pas une panse d'A n'était écrite, ces deux pièces qu'il m'apporta. Ce sont là des papiers d'État, continua-t-il, jamais je ne m'en dessaisirai ; je ne les remettrai même pas à M. Thiers. »

« Si ces papiers vous paraissent présenter quelque intérêt, repris-je alors, vous comprendrez qu'ils sont particulièrement intéressants pour moi. Si vous voulez les conserver, est-ce donc que vous vous refuseriez à m'en donner copie ? — Oh ! cela non, reprit le général, je vais tout de suite en faire faire une copie par une main discrète. » A quelques jours de là, je la recevais de lui.

Dans les derniers jours qui avaient précédé la déclaration de guerre, j'avais vu les deux documents dans le cabinet du maréchal Lebœuf, qui les tenait en permanence sur sa table de travail. Il m'était arrivé, une fois, de lui demander s'il ne trouverait pas d'inconvénient à ce que je les prisse pour les conserver par devers moi. « Non, m'avait répondu le maréchal, j'ai besoin de les méditer. »

Comment donc se faisait-il que le maréchal Bazaine les

eût en sa possession à Metz? Il est probable que le maréchal Lebœuf les avait remis entre les mains de l'Empereur, qui, au moment de quitter Metz, les avait confiés au nouveau commandant de l'armée avec d'autres papiers, pensant qu'il pourrait peut-être utilement les consulter.

J'appris plus tard que le général Valazé en avait fait la remise au général de Cissey, devenu Ministre de la guerre. Que sont-ils devenus depuis? Je ne l'ai jamais su.

J'ai appris qu'ils avaient été donnés en communication à quelques personnages haut placés dans les régions gouvernementales. C'est parce qu'ils ne sont pas demeurés secrets, que j'ai cru pouvoir leur donner place dans ce travail, et m'affranchir d'une réserve que semblait m'imposer, à tout jamais, de hautes convenances et la confiance qu'ont mise en moi l'archiduc Albert, Napoléon III et l'Empereur François-Joseph dans les mois de mai et juin 1870.

CHAPITRE X

Mission à Vienne. — Rapport à l'Empereur.

1

ITINÉRAIRE

Parti le 27 mai, au matin, je suis arrivé à Cologne le même soir, j'y ai passé la journée du 28 ; de Cologne, je me suis rendu le 29 à Berlin, passant par Dusseldorf, Minden, Hanovre, Brunswick et Magdebourg.

J'ai séjourné à Berlin les 30, 31 mai et 1er juin. J'ai passé une partie de la journée du 31 mai à Postdam, le Roi Guillaume passant ce jour-là une revue du bataillon d'école dans cette résidence royale. J'ai quitté Berlin le 2 juin, et je suis arrivé à Dresde le même jour. J'ai passé la journée du 3 dans cette capitale de la Saxe. Le 4 au soir, j'étais à Prague, que j'ai quitté le 6 au matin pour être le même jour à Vienne.

Après avoir séjourné à Vienne les 7, 8 et 9 juin, et y avoir eu trois entrevues consécutives, à vingt-quatre heures d'intervalle avec l'archiduc Albert, je me suis rendu le 10 juin à Pesth, d'où je suis revenu à Vienne le 12, sachant par l'archiduc que, dans la journée du 13, je verrais Son Altesse Impériale une quatrième fois, et que le lendemain 14 je serais présenté par Elle à l'Empereur François-Joseph, Sa Majesté ayant exprimé le désir de me voir.

Le 14 juin, en effet, l'archiduc me conduisit lui-même au palais de Laxembourg, résidence d'été de l'Empereur, et me présenta à Sa Majesté qui me retint en tête-à-tête auprès d'Elle pendant une demi-heure environ.

Le 16 juin j'ai quitté Vienne pour rentrer à Paris par Munich, Ulm, Stuttgart et Mayence, je suis rentré à Paris le 21 juin au matin.

A Cologne, à Berlin, à Mayence, j'ai cherché à voir, d'aussi près que possible, les exercices des troupes prussiennes. J'ai voulu voir la disposition et la valeur des forts qui constituent les camps retranchés de Cologne et de Mayence.

A Dresde, j'ai vu manœuvrer les troupes de l'armée saxonne; j'ai visité les forts que les Prussiens ont construits autour de la ville en 1866.

A Ulm, j'ai parcouru une partie de l'enceinte du camp retranché et visité, en particulier, le fort important de Willemsburg.

A Munich, j'ai suivi les manœuvres d'une brigade d'infanterie bavaroise.

Enfin à Prague, à Vienne et à Pesth, j'ai pu voir de près les exercices de l'infanterie, de la cavalerie et de l'artillerie austro-hongroise.

Les remarques qu'il m'a été donné de faire sur la composition, l'attitude et l'instruction des troupes allemandes, n'apprendraient guère que ce qui est déjà connu en France et relaté dans des rapports qui se trouvent aux archives du Dépôt de la guerre. Je ne crois pas devoir en parler dans ce travail. Elles pourront faire l'objet d'un travail spécial dont je compte m'occuper un peu plus tard. Je me bornerai à dire ici que l'infanterie, la cavalerie et l'artillerie de l'armée prussienne m'ont paru être parfaitement instruites, que la cavalerie et l'infanterie ont une belle attitude sous les armes et dans leurs exercices; que les troupes saxonnes et bavaroises manœuvrent absolument d'après les règlements prussiens, que sur le terrain des exercices, tous les bataillons que j'ai vus, présentaient un effectif de 212 à 220 baïonnettes; tous les régiments de cavalerie prussienne, cinq escadrons chacun, l'escadron à 48 files complètes. La batterie a 4 bouches à feu seulement attelées à 6 chevaux. Je dirai aussi que si les chevaux de cavalerie paraissent présenter une bonne composition, ceux de l'artillerie sont très inférieurs et médiocres en général.

L'infanterie autrichienne présente des bataillons de même force que ceux de l'infanterie prussienne. Ses soldats paraissent instruits, mais plus abandonnés dans leur attitude que les soldats prussiens. Ils ressemblent beaucoup à nos soldats français. J'ai vu peu d'escadrons autri-

chiens ; mais ceux que j'ai vus, paraissent très bien exer-
cés. L'artillerie autrichienne paraît très mobile, très
instruite. Les chevaux ne valent pas ceux de l'artillerie
française.

II

PREMIÈRE ENTREVUE AVEC L'ARCHIDUC ALBERT. — OBJECTION
FAITE PAR SON ALTESSE IMPÉRIALE AU PLAN PRÉSENTÉ A
SON APPRÉCIATION

L'archiduc me reçut, pour la première fois, le 7 juin,
au matin, au château de Baden, sa résidence d'été. Après
avoir remis aux mains du Prince la lettre que j'étais chargé
de lui porter, de la part de l'Empereur, je fus aussitôt
invité par Son Altesse Impériale à lui faire part des propositions ou du plan dont il était question dans la lettre de
Sa Majesté.

Après m'avoir permis de lui exposer complètement le
plan qui avait été imaginé à Paris, et m'avoir entendu,
avec grande attention, dans tous les développements que
je croyais nécessaires de donner, l'archiduc me dit que
lui et moi n'étant point des hommes politiques, nous discu-
terions, si je le voulais, les propositions dont il était question, au point de vue militaire seulement, au point de vue

académique, pour me servir de l'expression même du Prince.

Entrant ensuite dans l'examen même de ces propositions, Son Altesse me déclara, tout en protestant de son grand respect pour les considérations qui avaient été prises pour bases du plan dont il s'agissait, qu'Elle croyait devoir loyalement y faire des objections qui lui paraissaient très fondées, « ne voulant ,disait-Elle, à aucun prix, que l'Autriche s'engageât à faire et promît aujourd'hui ce qu'elle ne pourrait point tenir dans l'avenir, quand viendrait pour elle le moment de s'exécuter. »

En premier lieu, il convenait de ne pas perdre de vue que la France d'un côté, l'Autriche et l'Italie d'autre part, ne se trouvaient pas placées dans des conditions identiques pour mobiliser et concentrer leurs armées.

La France pouvait mobiliser très vite, plus vite que la Prusse. Il fallait, au contraire, beaucoup de temps à l'Autriche et à l'Italie pour mettre leurs troupes sur un pied tel qu'elles pussent entrer en campagne. Cela tenait à ce que la France avait un réseau de voies ferrées très développé et un gouvernement dans lequel le ministère de la guerre avait pu faire adopter certaines mesures propres à faciliter beaucoup la mobilisation des armées, entre autres, celle d'après laquelle l'Etat avait toujours chez les agriculteurs une partie considérable des chevaux et mulets dont l'artillerie et les transports militaires auraient besoin pour passer du pied de paix au pied de guerre. Rien de pareil n'avait pu être fait en Autriche et en Italie. Les voies ferrées étaient rares en Autriche et on serait condamné à y éprouver de grandes difficultés, si tout à coup on devait se trouver dans la nécessité d'acheter un très grand nombre d'animaux pour les divers services de l'armée.

La célérité avec laquelle la France pouvait appeler ses réserves, les habiller, les équiper, les armer dans les dépôts, puis les diriger sur les portions actives de l'armée, enfin concentrer les divisions et corps d'armée sur sa frontière, cette célérité était impossible à obtenir chez les autres puissances. Il suffisait de quinze jours pour l'obtenir ; et le seizième jour après la mobilisation commencée en France, les corps d'armée pouvaient franchir la frontière, réunis et concentrés pour former des armées. En Prusse, il fallait quinze jours entiers pour mobiliser un corps d'armée dans sa circonscription propre, c'est-à-dire sur place ; et si l'on suppose que la Prusse veuille, après avoir mobilisé tous ses corps d'armée sur place, en quinze jours, concentrer plusieurs corps d'armée sur un des points de sa frontière, il lui faudrait pour chaque grande ligne de voie ferrée convergeant de l'intérieur du royaume vers ce point de la frontière, autant de semaines qu'elle voudrait y faire arriver de corps d'armée.

En outre des quinze jours donnés à la mobilisation, pour faire venir deux corps, il faudrait y employer deux semaines, c'est-à-dire que trois corps seraient alors concentrés en quatre semaines, quatre corps en cinq semaines, et pour concentrer sur le même point de la frontière sept corps d'armée, il faudrait cinq semaines dans le cas tout à fait avantageux et exceptionnel où trois corps, venant de l'intérieur sur ce point, emploiraient une grande ligne ferrée, et trois autres corps, venant également de l'intérieur, une deuxième grande ligne ferrée; savoir : quinze jours pour la mobilisation sur place et trois semaines pour transport simultané sur deux voies distinctes.

Ces calculs pouvaient être considérés comme tout à fait exacts, assurait l'archiduc; ils étaient les résultats des expériences constatées sous ses yeux en 1866, dans les efforts faits par l'armée prussienne pour se mobiliser et se concentrer le plus rapidement possible; c'était aussi le résultat des études qu'il avait faites plus récemment pour apprécier ce que la Prusse pourrait faire en ce moment par suite de nouveaux travaux auxquels ses officiers se sont livrés pour obtenir la plus grande célérité possible dans la concentration des armées.

Au gouvernement autrichien, il fallait absolument six semaines pour mobiliser et compléter l'armée active; et, dans l'opinion de l'archiduc, il faudrait au moins le même temps, au gouvernement italien. Il suffisait d'indiquer ces différences pour que l'on pût se convaincre qu'il était absolument impossible de baser un plan de campagne concerté entre la France, l'Autriche et l'Italie sur l'idée que ces trois puissances feraient entrer dans l'Allemagne du sud simultanément, et au jour même, qui serait celui où la France serait prête, trois armées de 100,000 hommes, formées l'une par la France; la deuxième, par l'Autriche; la troisième, par l'Italie. Quelles que pussent être d'ailleurs toutes les autres conditions du plan de campagne dont il s'agissait, celle qui vient d'être indiquée ne pouvant être mise à exécution, ni par l'Autriche, ni par l'Italie, il paraissait impossible qu'on ne renonçât pas au plan lui-même.

On ne pouvait songer à envahir utilement l'Allemagne du sud qu'à la condition de s'y jeter très rapidement, comme la France seule pouvait le faire.

Dès qu'il était reconnu que l'Autriche et l'Italie étaient impuissantes à se joindre à la France avec cette condition de rapidité, il convenait de rechercher un autre plan qui fût pratique. Au surplus, ajoutait le Prince, les exemples du passé et ceux que l'on pourrait trouver dans les guerres du premier Empire, tout particulièrement, n'étaient pas faits pour que l'on songeât sans appréhensions à réunir trois armées de nationalité différente, sur un même point, pour les faire concourir vers un but commun. Il ne fallait guère compter que l'on pût mettre les trois armées sous le commandement d'un seul chef; et si les trois commandants des trois armées demeuraient indépendants l'un de l'autre, il était bien à craindre que ces trois commandants ne pussent demeurer constamment unis de volonté et d'intelligence.

Ces objections faites, l'archiduc exposa succinctement le plan de campagne dont il avait précédemment entretenu l'Empereur à Paris.

Dans la deuxième entrevue que j'eus avec lui, le lendemain 8 juin, il le développa, mettant à l'appui de ses propositions les conditions et les calculs qu'on trouvera plus loin, quand j'aurai d'abord donné dans son ensemble, le plan proposé par l'archiduc, tel que j'ai cherché à l'indiquer fidèlement dans le chapitre qu'on va lire.

III

PLAN DE CAMPAGNE PROPOSÉ PAR L'ARCHIDUC ALBERT.

L'archiduc Albert, ayant proposé de rédiger et d'envoyer à Paris, le plan de campagne, dont il avait précédemment entretenu l'Empereur, plan qu'il croyait devoir être avantageusement substitué à celui dont on lui avait donné les bases, on se contentera d'indiquer ici l'ensemble de ce plan, sans entrer dans les détails qu'on trouvera dans le travail du Prince. Les motifs et considérations donnés à l'appui du plan seront exposés ensuite.

Les propositions de l'archiduc peuvent être résumées ainsi qu'il suit :

La France, l'Autriche et l'Italie devront se tenir prêtes pour agir de concert, avec toutes leurs forces actives disponibles, dans une campagne de printemps.

Elles auront à mobiliser leurs armées vers la mi-mars au plus tard, afin que les premières opérations puissent commencer avec le mois d'avril. Dans le mois qui précédera la mobilisation, on prendra toutes les dispositions de préparation que l'état de paix peut permettre ou que l'on peut mettre à exécution secrètement.

L'ordre de mobiliser sera donné le même jour, chez les trois puissances coalisées. (En Danemark peut-être aussi; on le suppose, du moins.)

La France aura mobilisé ses forces actives dans un délai de quinze jours. Elle aura, à l'expiration de ce délai, ses corps d'armée organisés et disposés, concentrés sur ses frontières est et nord-est, prêts à franchir ces frontières. Les troupes seules qu'elle appellera d'Algérie, en Europe, seront encore en mer ou en marche à l'intérieur pour rejoindre les corps d'armée dont elles devront faire partie.

Dans le seizième jour qui suivra en France l'ordre de mobilisation, les armées françaises commenceront leurs opérations pour prendre l'offensive contre la Prusse. Ce jour-là, elles franchiront la frontière. Les puissances alliées, quoi qu'elles puissent faire pour mobiliser leurs armées dans le moins de temps possible, ne pourront pas, sans employer six semaines à la mobilisation et à la concentration de leurs forces actives, être prêtes à prendre elles-mêmes l'offensive. Elles seront forcées de conserver pendant ces six semaines, vis-à-vis de la Prusse l'attitude de la neutralité; *elles auront à accentuer leurs préparatifs de guerre de façon que leurs armées, pendant ces six semaines, attirent forcément l'attention de la Prusse, et obligent cette puissance à prendre vis-à-vis d'elles, avec une partie de ses forces, des mesures préventives qui suivront les premières opérations des armées françaises.*

La France aura deux armées pour entreprendre et poursuivre la guerre au delà de ses frontières, savoir :

Une première armée, ou armée principale, destinée à opérer en Allemagne sur la rive droite du Rhin.

Une deuxième armée, ou armée secondaire, destinée à opérer sur la rive gauche du Rhin sur ou au delà de la Sarre, dans le Palatinat.

L'Autriche aura une grande armée destinée à se joindre à la première armée française, pour agir avec elle de concert contre la Prusse. Cette grande armée autrichienne *sera concentrée sur la frontière de Bohême dans les six semaines qui suivront l'ordre de mobilisation.* A l'intérieur de l'Empire, pour le maintien de l'ordre et la garde des places fortes importantes, l'Autriche emploiera des troupes de dépôt et des bataillons en formation ; elle aura un corps d'observation peu considérable en Moravie, et sur la frontière de Gallicie.

La première armée française sera composée de cinq corps d'armée, comprenant seize divisions d'infanterie.

La deuxième armée française, de trois corps d'armée, comprenant neuf divisions d'infanterie.

L'armée autrichienne de Bohême élèvera progressivement ses forces à partir du jour de la mobilisation jusqu'à la dernière période de la campagne. Dans cette seconde période, elle comprendra jusqu'à 23 ou 24 divisions d'infanterie.

Il est difficile de dire aujourd'hui ce que l'Italie pourra donner des forces actives de son armée, pour les joindre aux forces actives des puissances alliées. On compte sur une armée de 100,000 hommes, dont la moitié seulement sera concentrée à Vérone, et prête à agir par le Tyrol, et à déboucher en Bavière, pour y joindre l'armée française

ou se rapprocher de cette armée à l'expiration des six semaines qui seront nécessaires à sa mobilisation et à sa concentration.

La première armée française franchira le Rhin sur plusieurs points à la fois, à Strasbourg ou sous Strasbourg et
vers Neuf-Brisach. Le premier but de ses opérations sera
d'aller faire sa jonction avec l'armée autrichienne de Bohême
et de détacher en même temps, aussi vite que possible,
les puissances de l'Allemagne du sud de la Confédération
du nord et plus particulièrement de la Prusse.

Pour cela, elle marchera rapidement vers Stuttgard
et de là sur Nuremberg, par où elle fera jonction avec
l'armée autrichienne, soit que de Nuremberg, elle pro-
longe son mouvement pour se rapprocher de la frontière
de Bohême, soit que l'armée autrichienne franchisse cette
frontière pour venir à elle. L'archiduc calcule que la tête
de l'armée française sera arrivée à Nuremberg le quarante-
cinquième jour qui suivra l'ordre de mobilisation en France,
le vingt-neuvième jour après qu'elle aura franchi le Rhin,
en admettant bien entendu, que l'armée marchera par étapes
et se servira peu ou point des voies ferrées qui existent sur
une faible étendue dans le parcours qu'elle aura à suivre.

Le Prince établit qu'à dater de ce quarante-cinquième
jour, il y aura depuis deux ou trois jours, pour l'armée
autrichienne, possibilité de se mettre en mouvement dans
la direction de Nuremberg ou de Bayreuth.

L'armée italienne aura pu, de son côté, commencer les
opérations en même temps que l'armée autrichienne de
Bohême, et marcher sur Munich. Si elle peut exécuter son

premier mouvement en utilisant la voie ferrée de Brenner, elle sera en peu de jours à quelques journées de marche de l'armée française et en mesure de faciliter les mouvements de celle-ci.

L'idée sur laquelle l'archiduc fait reposer toutes les combinaisons du plan qu'il propose, c'est que les grandes armées françaises et autrichiennes opèreront leur jonction vers Nuremberg d'une manière très certaine au moyen du mouvement que la première fera pour se porter du Rhin sur Nuremberg, que cette jonction se fera sans que l'armée prussienne puisse contrarier son mouvement, et sans que l'armée française coure aucun risque d'être menacée sérieusement sur son flanc gauche, ou d'être forcée d'accepter une bataille, pour combattre à forces inférieures ou à forces égales. Il faut absolument que dans son mouvement, l'armée française n'ait à livrer ni à accepter une grande bataille, car un intérêt majeur veut qu'elle opère sa jonction avec l'armée autrichienne avant d'avoir été affaiblie. Une bataille, heureuse fût-elle, l'affaiblirait considérablement et ralentirait la marche infailliblement, ce qui serait un autre inconvénient contre lequel il convient de se mettre en garde.

Pour appuyer cette opinion, l'archiduc dit, qu'en raison de la célérité que la France peut apporter dans la mobilisation et la concentration de ses armées, ce en quoi la Prusse ne peut l'égaler, cette puissance aura pu tout au plus concentrer des forces insuffisantes du côté du bas ou du haut Mein avec l'intention de les opposer à l'armée française, au centre de l'Allemagne du sud, que déjà cette armée sera à Nuremberg.

Le Prince n'admet pas d'ailleurs que les forces bavaroises et wurtembergeoises, qui, dans les premiers moments de la lutte, se joindront à des corps d'armée prussiens venant en hâte sur le Mein, puissent en rien modifier cette appréciation de sa part. Les armées des puissances de l'Allemagne du sud seront bien moins prêtes à agir activement que celles de la Prusse, dans le moment où l'armée française franchira le Rhin et traversera le Wurtemberg. Elles seront mobilisées très lentement, et si elles se concentrent, ce sera vraisemblablement, presque certainement, pourrait-on dire, dans la place d'Ulm, où elles ne pourraient prendre qu'une attitude défensive.

C'est en s'appuyant, pense-t-il, sur un motif des plus sérieux que l'archiduc s'est déterminé pour la concentration d'une grande armée autrichienne en Bohême, et pour la jonction de cette armée avec la grande armée française dans les parages de Nuremberg. Le Prince, s'inspirant de ce que l'Empereur Napoléon a si bien fait contre la Prusse dans sa magnifique campagne de 1806, dit qu'il convient aujourd'hui, comme il convenait à l'époque rappelée, d'attaquer la Prusse par la ligne la plus courte qu'il y ait pour la frapper au cœur de ses intérêts politiques et militaires, par la ligne la plus courte qui aille des frontières de la Prusse à Berlin.

Cette ligne est celle qui part de la frontière de Bohême, et qui, passant par Dresde, conduit en onze étapes à cette capitale. Pour l'armée française qui serait à Nuremberg ou en Franconie, ce serait la ligne suivie par Napoléon en 1806 et qui, par Leipzig, convergerait avec celle qu'on

vient d'indiquer, passant par Dresde. Si l'on suppose que
les deux armées alliées aient fait leur jonction par Nuremberg, elles n'auront plus qu'à s'avancer en se tenant
coude à coude par les deux lignes et au moment où elles
seront réunies, ne formant qu'une seule armée dans les
plaines de la Saxe, vers Leipziz ou Weissenfelds, où se
sont jouées si souvent déjà les destinées de l'Empire et
les intérêts de l'Allemagne ; une première grande bataille
pourra être livrée, dans laquelle les armées alliées com-
battront avec un nombre de baïonnettes double au moins
de celui que l'armée prussienne pourra leur présenter. A
partir des frontières de Bohème et du Thuringenwald, le
plan des opérations des alliés ne sera autre que celui qui
fut si heureusement adapté à la Prusse par Napoléon
en 1806.

Dans le plan imaginé par l'archiduc, il faut admettre
que dans une lutte engagée en commun par la France,
l'Autriche et l'Italie contre la Prusse, cette dernière puissance ne pourra pas songer à prendre elle-même l'offensive du côté de la France, par la rive du Rhin, pour tenter
une invasion qui, par la Sarre, la Moselle, la Lorraine et
la Champagne, la conduirait jusqu'à Paris. Pour que la
la Prusse renonce à toute velléité pareille, il lui suffira de
remarquer que la distance est grande de Mayence à Paris,
si on la compare à celle qui sépare la frontière de Bohème
de Berlin. Il faudrait d'ailleurs que la Prusse n'eût pas
moins de huit corps d'armée à sa disposition pour oser
s'avancer offensivement sur la Sarre. Qu'aurait-elle alors
à opposer en Saxe, à l'armée autrichienne de Bohème ? Il

est bien plus logique de penser qu'elle comprendra tout d'abord qu'une armée française secondaire sur la Sarre suffira pour ralentir sinon pour arrêter court l'armée avec laquelle elle voudrait agir sur la rive gauche du Rhin. Elle verra clairement que le moindre temps d'arrêt ou de ralentissement de ses forces sur la Sarre, tandis que sa frontière de Saxe, vis-à-vis la frontière de Bohême sera dégarnie, ce sera le signal d'un mouvement de l'armée autrichienne sur Berlin ; que de Berlin, cette armée pourra, en huit jours, pousser un de ses corps jusqu'à Stettin, ce qui aurait pour résultat de mettre en sa possession une ligne très courte (Dresde-Stettin) qui coupe en deux le territoire du royaume de Prusse, laissant au nord les provinces de l'ancienne Prusse, et au sud-ouest, les provinces nouvellement acquises et moins dévouées que les premières. Pour éviter de pareils dangers, la Prusse renoncera à soutenir la guerre dans le Palatinat.

Pour les mêmes motifs, ou pour des motifs analogues, elle n'entreprendrait pas de concentrer la masse de ses forces sur le Mein, avec intention d'en user pour arrêter le mouvement de l'armée française sur Nuremberg.

Il lui faudrait pour cela sept ou huit corps d'armée sur le Mein.

Pour concentrer ces sept ou huit corps, elle aura besoin de beaucoup plus de temps qu'il n'en faudra à l'armée française pour gagner Nuremberg, ainsi qu'il a été déjà dit.

L'armée prussienne concentrera donc toutes ses forces, à n'en pas douter, derrière le Thuringenwald et principalement en Saxe, faisant face aux défilés de la Thuringe et de la Bohême.

Si, contrairement à tous les calculs faits par l'archiduc pour appuyer le plan qu'il propose, il arrivait que dans son mouvément sur Nuremberg, l'armée française fût menacée sur son flanc gauche, par une armée prussienne, venant du Mein ou concentrée en Franconie, comme il est de tout intérêt pour les puissances coalisées que cette armée ne combatte pas avant d'avoir fait sa jonction avec l'armée autrichienne, afin de ne pas être affaiblie avant la jonction, elle renoncerait à poursuivre sa marche sur Nuremberg. Elle se déroberait à l'armée prussienne et elle irait franchir le Danube soit en amont soit en aval de la place d'Ulm. Dès qu'elle serait concentrée sur la rive droite du Danube, elle marcherait, par cette rive, sur Donauwerth et Ingolstad, pour aller faire sa jonction avec l'armée autrichienne à Ratisbonne.

L'armée autrichienne viendrait à sa rencontre par un corps considérable qu'elle aurait préalablement concentré à Pilsen. La jonction serait retardée de quelques jours ; mais le résultat final ne serait pas moins atteint. L'armée prussienne du Mein qui aurait obligé l'armée française à s'arrêter dans sa marche, pour passer le Danube, ne pourrait s'avancer vers le centre de l'Allemagne du sud et s'approcher du Danube, en se mettant dans les traces de l'armée française ; car si elle osait le faire, elle se compromettrait beaucoup en prêtant le flanc à l'armée autrichienne, et d'un autre côté, elle s'éloignerait trop des forces prussiennes déjà réunies en Saxe.

Pour appuyer le mouvement de l'armée française qui aurait franchi le Danube près d'Ulm, l'armée italienne déboucherait du Tyrol et marcherait, par l'Inn ou l'Isar, pour se joindre à l'une ou l'autre des armées alliées. Son objectif serait Munich qu'elle occuperait finalement pour contenir la Bavière et le Wurtemberg, pendant que la grande armée franco-autrichienne poursuivrait ses opérations décisives en Saxe, vers Berlin.

La 2ᵉ armée française, sur la Sarre, n'aura rien de sérieux à entreprendre dans le Palatinat. Au commencement des opérations de la 1ʳᵉ armée, elle prendra une vigoureuse offensive au delà de la Sarre, qu'elle franchira le jour où l'armée principale franchira elle-même le Rhin. Tout sera arrêté pour cette offensive, en vue de tromper la Prusse sur les intentions réelles de la France. Une partie des forces destinées à l'armée principale sera concentrée sur des points de la frontière choisis de telle façon, que l'ennemi puisse se persuader qu'elle appartient à l'armée de la Sarre. On cherchera, en un mot, à faire croire à l'ennemi que l'armée de la Sarre est l'armée importante de la France, et que son premier objectif, c'est Mayence et la conquête du Palatinat. On attirera ainsi sur la rive gauche du Rhin le plus de forces prussiennes possible, puis aussitôt que ce résultat sera atteint, ce qui aura lieu au moment où la grande armée française commencera à s'avancer vers la capitale du Wurtemberg, l'armée secondaire de la Sarre n'aura que faire d'agir très activement, parce que la majeure partie des forces prussiennes, venues dans le Palatinat, quitteront ce terrain pour se porter de l'autre côté du Rhin, sur le Mein ou en Saxe, où seront véritablement les plus grands dangers pour la Prusse.

Si les choses se passent, en réalité, du côté de la Sarre, comme on le suppose ici, il y aura à examiner si l'on ne pourrait pas, quand le mouvement de retraite des forces prussiennes du Palatinat sera bien connu, tirer quelques divisions de l'armée de la Sarre pour les diriger, comme renfort, sur l'armée française d'Allemagne.

Du côté des frontières maritimes de la Prusse, ou du côté des duchés, la France agira avec sa flotte, n'ayant à bord, comme corps de débarquement, que les troupes que pourront fournir les régiments d'infanterie de marine.

Ces troupes auxquelles pourront se joindre les forces du Danemark, 30 à 40,000 hommes, opéreront une diversion utile. Enfin, le plan de l'archiduc établit qu'on ne peut songer à une campagne d'automne contre la Prusse.

Le Prince est d'avis que les puissances alliées ont tout intérêt à commencer la guerre au printemps. C'est le seul moyen pour elles d'avoir à leur disposition six mois pendant lesquels leurs armées pourront conduire leurs opérations jusqu'au résultat désirable. Il faut se persuader qu'il ne suffira pas peut-être d'une seule grande bataille heureuse pour briser l'orgueil national prussien et pour obliger la Prusse à demander la paix. Après une bataille en Saxe, peut-être aura-t-on à poursuivre l'armée prussienne qui aurait pris position derrière l'Elbe, franchir ce fleuve et aller au-devant d'une nouvelle ou de nouvelles batailles.

Si on commençait la guerre à la fin de l'été le temps pourrait manquer, c'est-à-dire le temps favorable. Les journées très courtes en Prusse, parce que dès le mois d'octobre, il y faut compter dix-sept ou dix-huit heures de nuit sur vingt-quatre heures, obligeraient à diminuer la longueur des marches.

Pendant la nuit les armées alliées seraient exposées à de nombreuses surprises au milieu de populations excitées peut-être à un haut degré et soulevées contre elles. Enfin le climat très froid, très humide de la Prusse serait pernicieux pour les soldats français et autrichiens, tandis qu'il serait mieux supporté par les soldats prussiens.

IV .

OBJECTIONS QUE L'ON PEUT FAIRE AU PLAN DE L'ARCHIDUC

L'archiduc est convaincu que le mouvement qu'il demande à l'armée française, ce mouvement qui la porterait du Rhin jusqu'à Nuremberg, pour aller faire sa jonction avec la grande armée autrichienne de Bohème, que ce mouvement, disons-nous, ne pourra être ni menacé, ni gêné par une armée prussienne qui voudrait se concentrer sur le Mein, pour tomber sur son flanc gauche. Son opinion repose sur des calculs qu'il a faits avec soin dit-il, et qui lui ont donné la preuve que l'armée française sera à Nuremberg, bien avant le jour où l'armée prussienne pourrait réunir 7 ou 8 corps d'armée dans l'Allemagne du Sud. Il se fonde aussi pour appuyer son opinion sur ce que la Prusse, trop menacée du côté de la Bohême, ne pourra songer à concentrer 7 à 8 corps d'armée sur le Mein ou dans la Franconie, pour agir activement du côté de Stuttgard ou de Nordlingen.

Aux calculs du Prince, on ne peut répondre que par des calculs que le dépôt de la guerre est en mesure de faire avec toute l'exactitude et tout le soin désirables, et qui démontreront si l'archiduc n'exagère point un peu le temps dont l'armée prussienne aurait rigoureusement besoin pour mobiliser et concentrer ses corps d'armée à la frontière. C'est aussi par des calculs dont il a déjà tous les éléments, que le dépôt de la guerre pourra reconnaître si, par hasard, les calculs de l'archiduc ne prêtent pas à l'armée française une célérité qu'elle ne pourrait atteindre réellement dans la mobilisation et la concentration de ses corps d'armée à la frontière. *A priori*, on est disposé à penser que quinze jours suffiraient pour la mobilisation et la concentration de l'armée française à la frontière, étant connus préalablement les points de concentration ainsi que les corps de troupes désignés pour former les divisions et les corps d'armée à concentrer. Par exception, seulement, il y aurait un léger retard pour les corps appelés d'Algérie à l'intérieur. Le second motif exposé par le Prince, de ce fait que la Prusse menacée du côté de la Bohême renoncerait à avoir une grande armée dans l'Alle-

magne du Sud, ce second motif paraît être très controversable. Il y a probabilité, mais non certitude, ainsi qu'on
le dit dans le chapitre IV.

L'objection la plus sérieuse que l'on puisse faire au
plan de l'archiduc, c'est celle qui est relative à la
situation que ferait ce plan au gouvernement de l'Empereur, le jour où la France seule déclarerait la guerre à la
Prusse et l'entraînerait vigoureusement sur la rive droite
du Rhin, tandis que les deux puissances alliées se tien-
draient encore pour un certain nombre de jours dans le
rôle de la neutralité.

La France pourrait-elle, quelque sûr que son gouvernement pût être de la sincérité de ses alliés, agir seule
pendant vingt-deux ou vingt-cinq jours, sans que l'opinion
s'en émût et ne lui fût peut-être hostile ?

V

DEUXIÈME ET TROISIÈME ENTRETIENS AVEC L'ARCHIDUC, LES 8 ET 9 JUIN

Considérations données par le Prince à propos du plan
dont il a entretenu l'Empereur, et qu'il propose encore
aujourd'hui, comme lui paraissant réunir les conditions
désirables.

Dans le deuxième entretien que j'eus avec l'archiduc
Albert, à Vienne, le 8 juin, Son Altesse Impériale mit
sous mes yeux le document dont Elle m'avait parlé la
veille, et que je reproduis textuellement.

VI

FORCES DES ARMÉES BELLIGÉRANTES

Il y a plusieurs manières de compter la force d'une
armée ; mais trois seulement donnent un résultat exact ;
savoir :

1° Pour subvenir aux besoins de l'armée, les dispositions de transport, de marche et de cantonnements ; le
nombre d'hommes, de bêtes et de voitures ;

2° Pour apprécier la force réciproque d'après les différentes armes : le nombre d'hommes d'infanterie et de
cavalerie destinés au combat, ainsi que les pièces de campagne ; par exemple : 18,000 hommes, 2,000 chevaux,
42 pièces veulent dire : 18,000 fantassins, 2,000 chevaux,
42 pièces destinés au combat ;

3° L'effectif pour le combat même résulte du deuxième
chiffre, quand on en déduit les manquants, les malades, les
éclopés, les détachés pour une raison quelconque, enfin
les portions de troupes entières qui, détachées ou de service derrière les lignes, ne peuvent pas prendre part au

combat. Pour éviter tout malentendu, tous les chiffres qui suivent comprendront uniquement les hommes destinés au combat *selon le numéro 2*, sans y compter les troupes destinées uniquement aux garnisons, comme les landwehr, les gardes mobiles et les troupes de dépôt.

I. — Armée de la Confédération du Nord.

L'armée de la Confédération du Nord, y compris les Hessois, se compose de 368 bataillons, 304 escadrons, 1,212 pièces, soit :

	HOMMES.	CHEVAUX.	PIÈCES.
	377.200	47.500	1.212
Dans le courant de l'année, elle doit se renforcer de 2 *régiments de cavalerie* et de 12 *batteries à cheval*. Elle comprendra donc 368 bataillons, 312 escadrons et 1,284 pièces. (Dans les armées allemandes, le bataillon est de 1,025 hommes, le régiment de cavalerie a 4 escadrons actifs et la batterie 6 pièces.) La force totale sera donc de..........................	377.200	48.730	1.284
L'armée bavaroise compte 58 bataillons, 40 escadrons, 32 batteries, 16 escadrons, soit................	59.450	6.250	192
Le Wurtemberg, 19 bataillons, 16 escadrons, 9 batteries, soit......	19.475	2.500	54
Bade, 18 bataillons, 12 escadrons, 7 batteries, soit..................	18.450	1.875	42
Les armées du Midi donnent ainsi.	97.375	10.625	288
et on a pour toute l'Allemagne.....	474.575	59.375	1.572

N.-B. — Pour plus de sûreté de calcul, les troupes de Bavière et de Wurtemberg sont ajoutées au total des forces ennemies. Resté à savoir si l'action diplomatique ne les neutralisera pas avant le commencement des hostilités. Si le cas nous est favorable, il n'est pas douteux qu'elles se joindront à nous pour la deuxième partie de la campagne.

II. — Armée française.

Elle compte 344 bataillons en France, 28 en Algérie, soit 372 bataillons, 270 escadrons et 164 batteries. (Le bataillon, déduction faite des fourriers, des tailleurs, cordonniers et domestiques, est de 870 hommes ; le régiment de cavalerie à 5 escadrons est de 686 chevaux, le régiment à 4 escadrons de 550 chevaux. Le régiment d'artillerie montée et à cheval a 8 batteries (48 pièces). Les régiments de la Garde à 6 batteries, soit 36 pièces par régiment. Les batteries de montagne, sans valeur en Allemagne, le Tyrol excepté. Ne sont pas compris dans le calcul : Les bataillons de dépôt d'infanterie de ligne et des zouaves, ni les dépôts de la Garde impériale, des chasseurs à pied, du régiment étranger, des spahis, des tirailleurs indigènes, et un escadron de dépôt par régiment de cavalerie.

L'armée française peut donc compter en combattants :

	HOMMES.	CHEVAUX.	PIÈCES.
	323.640	37.080	984

De ces chiffres, il faut déduire :

A. Le régiment étranger et 2 autres régiments laissés en Algérie, puis les 3 bataillons d'infanterie légère d'Afrique ;

B. Quelques cinquièmes escadrons ;

C. Au moins 2 batteries montées laissées en Algérie ;

D. Les escadrons d'escorte pour les quartiers généraux.

Soit en tout 16 bataillons, 14 escadrons, 2 batteries.

| L'armée d'Europe, au maximum, sera de...................... | 309.720 | 35.185 | 972 |

III. — Armée autrichienne.

L'armée autrichienne (y compris les troupes des confins, mais sans les dépôts ni les landwehr) compte 503 bataillons, 287 escadrons, 156 batteries à 8 pièces, non compris les 10 batteries de montagne, soit :

	HOMMES.	CHEVAUX.	PIÈCES.
	461.726	43.419	1.248

(Le bataillon de ligne a 917 et 920 hommes; le bataillon de chasseurs a 930; l'escadron a 150 chevaux combattants; 41 états-majors de cavalerie à 9 combattants).

De ce chiffre, il faut défalquer au début de la campagne :

A. Les 4ᵉ et 5ᵉ bataillons des régiments ex-vénitiens, qui ne sont pas encore au complet, et quelques cinquièmes bataillons de régiments qui ont beaucoup souffert en 1866; puis les 4ᵉ bataillons des régiments des confins restant en garnison, soit 41 bataillons.

B. Quelques divisions d'infanterie restant dans les places et camps retranchés, soit 70 bataillons, 6 escadrons, 15 batteries.

Nota. — En 1871, l'infanterie autrichienne disposera d'un 20ᵉ bataillon de plus et laissera moins de bataillons dans les places. En 1872, la force atteindra 492 bataillons.

C. Il faut encore défalquer les 7 escadrons formés au moment de la mobilisation, l'augmentation

À reporter	461.926	42.419	1.248

	HOMMES.	CHEVAUX.	PIÈCES.
Report.......	461.726	43.419	1.248
en chevaux dans les autres escadrons, les détachements d'escortes et les chevaux restant aux dépôts, soit par régiment 384 chevaux. Il faut donc déduire, en somme, des chiffres indiqués ci-dessus, ce qui est représenté par 111 bataillons, 47 escadrons et 5 batteries, c'est-à-dire en combattants	101.807	16.419	120
Donc, au début de la campagne, seulement.	360.019	27.000	1.128
Mais après quelques semaines on aura en plus, venant des ressources dont il est question en B..........	64.220	1.209	120
En somme, dans la 2ᵉ partie de la campagne, on aura...............	424.239	37.269	1.248

IV. — Armée italienne.

L'armée italienne compte 365 bataillons, 114 escadrons, 90 batteries; le bataillon de ligne a 650 hommes, le régiment de cavalerie a 670 chevaux. Il est peu probable que plus de la moitié pourra franchir les Alpes, le reste étant nécessaire en Italie pour maintenir l'ordre.

Le maximum à espérer est de 116 bataillons en 12 divisions; 96 escadrons en 60 batteries, soit : 136,280 hommes, 10,730 chevaux, 360 pièces, dont la moitié six semaines après le rappel général des hommes de réserve, soit donc ; 68,640 hommes, 5,360 chevaux, 180 pièces.

En somme, dans les deux premiers mois de la campagne, on aura :

	HOMMES.	CHEVAUX.	PIÈCES.
Français	309.720	35.480	972
Autrichiens	360.019	27.000	1.128
Italiens	68.640	5.360	180
Total	739.279	67.540	2.280
Deux mois plus tard ce chiffre peut s'élever, par les renforts autrichiens et italiens, de	132.860	15.620	300
ce qui donnerait alors	872.139	83.160	2.580

V. — Armée danoise.

Elle compte 31 bataillons à 840 hommes combattants, 16 escadrons à 125 chevaux, 12 batteries à 6 pièces, ce qui représente :

	HOMMES.	CHEVAUX.	PIÈCES.
	260.040	2.000	72
Total général des forces alliées pour la 1re période de la campagne.	765.319	69.540	2.353
Et pour la 2e période (y compris 3,500 hommes d'infanterie de marine de France) ces chiffres augmentés de.	136.360	15.620	300
Total général	901.679	85.160	2.652

Temps nécessaire pour les armements.

En Prusse, on compte trois semaines pour mobiliser les corps d'armée, chacun dans son rayon, à partir du jour où les hommes sont appelés sous les drapeaux.

La réunion de plusieurs corps d'armée sur la frontière nécessite une semaine de plus par corps et par grande ligne de chemin de fer.

Le 8e corps, par exemple, pourrait être réuni en trois semaines derrière la Sarre ; après quatre semaines les 7e et 11e corps l'y auraient rejoint ; après cinq semaines, les 10e et 4e.

Comme la Prusse ne pourrait entreprendre une invasion en France avec moins de huit corps, c'est-à-dire avec moins de 270 bataillons, il s'ensuit qu'un mouvement offensif au delà de la Sarre n'est redoutable que sept semaines après le rappel des hommes.

En 1866, après deux mois de préparatifs plus ou moins secrets, le rappel des hommes fut ordonné les 3 et 5 mai et pour la dernière partie de la landwehr le 12 mai. Le 16 juin, après quarante-quatre et quarante-deux jours, trois divisions de l'armée de l'Elbe entrèrent en Saxe, où on savait ne pas trouver un seul Autrichien. Du 22 au 26 juin, on dépassa la frontière autrichienne. Il y eut donc sept semaines entre le rappel et l'entrée réelle en campagne. La Hesse et Bade, bien que la dernière soit en dehors de l'Allemagne du nord, doivent être considérées comme parties intégrantes de l'armée prussienne, malgré la profonde aversion de leurs populations. Leurs troupes sont prêtes à marcher en trois semaines, celle de Bade probablement dans et autour de Rastadt.

Les armées de Bavière et de Wurtemberg, aux ordres de la Prusse, par suite de traités secrets, seront bien plus lentes à se mobiliser. On peut compter au moins cinq semaines pour la première et quatre pour la deuxième. Le maximun de célérité avec laquelle on puisse obtenir qu'une grande armée française soit prête à passer la frontière de l'est, sera de trois semaines, à compter de l'ordre de rappel des hommes de la réserve et des chevaux mis chez les cultivateurs, pourvu qu'on se soit préparé secrètement et dans toutes les directions un mois avant ce rappel, c'est-à-dire pourvu qu'on rapproche le plus possible de leurs forces actuelles les troupes de la frontière et des points de ralliement de corps d'armée, pourvu qu'on tienne aussi tout prêts les transports dans les ports de l'Algérie ; qu'on fasse, en même temps, de grands achats en chevaux et en mulets, etc., de manière qu'en définitive, l'ordre de rappel étant donné, on puisse, dans l'espace de quinze jours, obtenir les résultats suivants :

a) Tous les hommes et les chevaux rappelés seront rentrés dans les dépôts de leurs régiments, et après y avoir été équipés, auront rejoint ces derniers, les uns et les autres par le chemin de fer ;

b) Transport des troupes d'Afrique par mer et par chemin de fer pour la France ;

c) Concentration des troupes en attendant leurs renforts et marchant le plus possible par étapes au point de ralliement des corps d'armée.

La troisième semaine sera consacrée à concentrer l'armée sur la frontière, pendant que les chemins de fer amèneront les retardataires, les provisions.

En Autriche, le rassemblement des troupes est bien plus lent, vu sa position géographique, son moindre développement en moyens de transports, vu aussi une organisation politique différente et enfin le manque d'une loi pour s'assurer les chevaux nécessaires.

Il faut six semaines, après l'ordre donné pour le rappel des hommes, pour rassembler l'armée entière sur l'une des extrémités du vaste empire, sans compter encore quelques semaines de préparatifs secrets, principalement pour s'assurer des chevaux et pour le transport des approvisionnements.

L'Italie est tout à fait incalculable, sous ce rapport. La faiblesse du gouvernement, le mauvais vouloir des populations, les désarrois de l'armée et l'épuisement des finances seront autant d'entraves qui ne feront pas tenir ce qu'on aura promis. Un mois de préparatifs secrets (?) et quatre semaines avant que la 1re division, quatre autres semaines avant que la 10e division, c'est-à-dire la moitié des forces totales puisse être organisée à Vérone.

Le Danemark aura mobilisé ses forces en trois ou quatre semaines.

Aux appréciations et aux chiffres donnés par l'archiduc Albert, dans le document qu'on vient de lire, chiffres qui paraissaient exacts en général, on devait cependant objecter, près de Son Altesse Impériale, que, dans le cas prévu d'une guerre en Europe, ce n'étaient point deux régiments d'infanterie de ligne, mais bien huit régiments de ligne, non compris le régiment étranger, qui devaient être envoyés en Algérie.

On représente aussi au Prince que, dans son travail, il supposait que dans la même éventualité l'artillerie montée laisserait deux batteries montées en Algérie, tandis qu'en fait il avait été arrêté qu'elle en laisserait six, avec obligation seulement, pour le régiment stationné en Algérie, de fournir trois batteries de montagne pour les armées en Europe. Toutefois, ajouta-t-on, peut-être serait-il possible de modifier la décision prise et de ne laisser que 2 batteries montées à Alger, s'il était reconnu que des batteries de montagne ne fussent plus nécessaires dans une guerre en Allemagne. C'était une question secondaire à examiner. L'archiduc, répondant à ces objections, ne dissimulait pas que, dans son opinion, l'armée que l'Empereur avait l'intention de laisser en Algérie, si Sa Majesté devait soutenir une guerre en Allemagne, lui paraissait comprendre un effectif exagéré : 54,000 hommes. Dans les idées du Prince, les grands intérêts de la France, si elle devait se trouver engagée dans une lutte avec la Prusse, ses intérêts seraient, non plus du tout en Algérie, mais bien là où se joueraient les destinées de l'Empire et de la dynastie napoléonienne, aussi bien que ceux de l'Empire autrichien et de la dynastie des Hapsbourg. L'Algérie, disait le Prince, ne serait point perdue pour la France, quand bien même elle serait momentanément et vraisemblablement, mais pour quelque mois seulement, dans une situation un peu exposée, n'ayant plus pour y protéger ses établissement et ses colons que des troupes réduites au minimum possible, et les gardes organisées avec les milices. Le point essentiel, c'était de pouvoir présenter à l'ennemi redoutable, celui qu'on trouverait au delà du Rhin, toutes les forces vives des deux grandes puissances alliées. L'Empereur, victorieux en Allemagne, tout rentrerait aussitôt dans l'ordre en Algérie, à supposer que l'ordre pût être un instant menacé dans la colonie au début de la guerre en Europe.

L'archiduc, montrant sur la carte quelle était la configuration de l'Allemagne du nord, faisait remarquer que si la Prusse est vulnérable sur l'un des points de sa frontière, c'est surtout du côté de la Bohême, et c'était sur cette remarque qu'il avait, de son côté, imaginé le plan de campagne dont il avait entretenu l'Empereur à Paris. Des frontières de Bohême, d'Egra, ou même de Prague, de Pilsen jusqu'à Berlin, la distance était très courte ; d'Egra ou Schlackenwerth à Berlin, 18 ou 17 étapes ; de Prague à Berlin, 19 étapes ; de Pilsen, par Dresde, à Berlin, 28 étapes.

L'immense faute qui avait été commise en 1866 par l'Autriche, c'est qu'elle avait concentré ses forces en Moravie, au lieu de les concentrer en Bohême ; que si de la Bohême elle avait menacé elle-même la Prusse, par le côté où cette puissance est réellement exposée, c'est-à-dire par la ligne qui, partant des défilés de l'Erzegebirge et celui de l'Elbe, permet à une armée de se jeter en moins de vingt jours sur Berlin, jamais les armées prussiennes n'eussent songé à s'avancer sur Vienne. De plus on peut remarquer que le territoire de la Prusse est découpé suivant la forme d'une abeille, dont la taille Berlin, le centre politique et le cœur de la monarchie, se trouve vers le milieu de la ligne très courte qui va de la Bohême, par Dresde, jusqu'à Stettin. Une armée ennemie qui s'emparerait par cette ligne de Berlin d'abord, puis ensuite de Stettin, ce qu'elle ferait en 28 journées d'étapes en tout, aurait du même coup coupé la Prusse en deux parties, dont l'une, celle qui se trouve au sud-ouest, est composée des provinces les moins bien soumises au pouvoir central.

Dans une guerre contre la Prusse, il convenait que l'Autriche ne renouvelât point la faute qu'elle avait commise en 1866, et dans une action qui serait commune à la France et à l'Autriche contre la même puissance, il était très désirable que l'on pût s'entendre pour diriger les efforts communs sur le point faible des frontières de la Prusse qu'on vient d'indiquer.

On réussirait, c'était hors de doute aux yeux de l'archiduc, pourvu qu'une armée française fortement organisée vint, après avoir franchi le Rhin à Strasbourg et à Brisack, par Stuttgard et Norlingen, se joindre vers Nuremberg, Bayreuth, Bamberg, à une grande armée que l'Autriche aurait elle-même concentrée en Bohême. Le Prince était d'ailleurs très convaincu que ce mouvement, qu'il indiquait pour une grande armée française, serait sans aucun danger pour celle-ci ; que dans sa marche sur Nuremberg, elle n'aurait jamais à courir le risque de voir apparaître sur son flanc gauche une armée prussienne capable de l'inquiéter, au moins capable d'essayer à couper ses derrières. Si l'on parvenait, ce qui était très facile aux yeux de l'archiduc, à opérer la jonction des deux armées, avant que l'une ou l'autre put être forcée à recevoir une grande bataille, le succès final était assuré ; car réunies vers le haut Mein, elles n'auraient plus, dans tout le cours de la campagne, qu'à se conformer au plan qu'adopta Napoléon dans sa lutte contre la Prusse en 1806, plan qui fut couronné par de si éclatants succès, précisément parce que l'Empereur avait fait concentrer et converger toute les forces dont il disposait, non sur un point en Bohême, puisqu'il n'avait pas l'alliance de l'Autriche pour lui, mais aussi près que possible de la Bohême, c'est-à-dire en Franconie, d'où elles pouvaient marcher sur Berlin par la ligne qui se rapproche le plus de celle qu'on a indiquée ci-dessus et partant de la Bohême.

On franchirait les passages de la Bohême et ceux de la Thuringe avec des forces écrasantes de supériorité, eu égard à celles que la Prusse pouvait présenter aux deux armées réunies. On pénétrerait en Saxe, et ce serait vraisemblablement dans les plaines de Leipzig ou de Werssenfelds que pourrait être livrée la première grande bataille décisive. On avait pour soi toutes les chances de succès possible ; car en joignant, dans ce moment de la campagne, les forces italiennes aux forces franco-autrichiennes, on avait 739,008 baïonnettes à opposer à 474,000 baïonnettes prussiennes ; et si l'on admet, d'une part, que l'armée italienne laissée à Munich n'ait pas suivi en Saxe les deux armées alliées, que d'autre part les contingents bavaro-wurtembergeois n'aient pas suivi non plus l'armée prussienne, on aurait à opposer 669,000 baïonnettes à 377,000 baïonnettes prussiennes.

L'archiduc Albert se montre très convaincu qu'une armée imposante par le nombre de ses baïonnettes peut, sans avoir de risques à courir du côté de ses flancs et de ses derrières, entreprendre la marche qu'il indique dans son plan de campagne pour aller se joindre à l'armée autrichienne, qu'on concentrerait en Bohême, vers Nuremberg-Bayreuth. A l'appui de son opinion, le Prince fait remarquer que quinze jours après l'ordre de mobilisation l'armée dont il s'agit peut avoir, comme il l'a écrit dans sa note rapportée ci-dessus, ses corps d'armée concentrés et prêts à franchir le Rhin. Dans le même moment, après 15 jours donnés à la mobilisation et quelque soit la célérité apportée dans l'exécution des dispositions arrêtées à l'avance, la Prusse n'aura encore obtenu d'autres résultats que d'avoir chacun de ses corps d'armée mobilisé et concentré dans sa circonscription. Dans ce même moment encore la mobilisation et la concentration des armées autrichiennes seraient commencées depuis 15 jours.

L'Autriche et l'Italie ne seraient point prêtes encore à déclarer diplomatiquement ou de fait leur alliance offensive et défensive, ou leur action commune avec la France. La France, au contraire, serait mise dans l'obligation de déclarer la guerre à la Prusse, car le 16ᵉ jour après la mobilisation de ses armées serait celui qu'elle devrait choisir pour franchir ses frontières et commencer ses opérations.

Mais, si au point de vue politique il y a un certain inconvénient à ce que la France commence la lutte à elle seule, on peut regarder comme certain que la Prusse ne se trompera pas sur les dispositions secrètes des deux puissances alliées. Voyant celles-ci mobiliser et concentrer

leurs armées, elle n'hésitera pas à prendre vis-à-vis
d'elles, au moins vis-à-vis de l'une d'elles, l'Autriche, les
dispositions défensives qu'il lui serait par trop imprudent
de ne pas prendre. Dès qu'elle saura d'autre part que la
France, ayant une armée considérable sur la Sarre, a fait
franchir le Rhin et diriger vers le centre de l'Allemagne
du Sud une autre armée importante aussi, sinon plus importante que la première, elle mettra en toute hâte ses
forces en mouvement, pour en faire la répartition sur le
Rhin, sur le Mein et sur le bas Neckar, en Saxe et en Silésie, de telle sorte qu'aussitôt que possible, elle puisse
concentrer le plus de corps d'armée possible en face des
points par où elle se trouvera menacée de plus près ou le
plus sérieusement.

L'archiduc est d'avis que l'armée française destinée à
entrer dans l'Allemagne du Sud pour aller faire sa jonction
avec l'armée autrichienne, doit être de beaucoup supérieure
en force à celle qui doit opérer sur la Sarre. Il fait reposer
en grande partie, sur l'hypothèse qu'il en sera ainsi, et
c'est sur cette hypothèse aussi qu'il imagine quelles seront
les dispositions arrêtées par la Prusse dans la répartition
de ses forces au début de la guerre sur ses frontières du
Rhin, en Saxe et en Silésie. Suivant lui, la Prusse ne songera pas un seul instant à prendre elle-même l'offensive
sur la rive gauche du Rhin. L'offensive qu'elle prendrait
de ce côté serait désastreuse pour elle, elle l'obligerait à
trop s'affaiblir du côté de la Saxe, de ce côté où la concentration de l'armée autrichienne de Bohème menacerait
Berlin, bien autrement que ne pourrait menacer Verdun

ou Paris une armée prussienne qui entreprendrait une invasion par la Sarre et la Moselle.

Cette armée prussienne serait faible encore, si elle tentait une pareille entreprise avec 7 ou 8 corps d'armée. Comment le reste de l'armée prussienne s'y prendrait-il pour couvrir efficacement Berlin, si l'on tient compte surtout du nombre d'étapes qu'il y a du Rhin à la Sarre, de la Sarre à Paris, et celui qu'on compte de la frontière de Bohème à Berlin? L'archiduc était primitivement d'avis que l'armée française de la Sarre pouvait être composée faiblement, tant il était convaincu qu'elle n'aurait pas à supporter de luttes sérieuses dans le Palatinat; que cette armée devait se borner à prendre une position défensive sur la Sarre, s'emparer tout au plus de Saarbrük, de Sarrelouis, de Neukirchen, Hombourg et peut-être Kaiserlautern, sans chercher à pousser plus loin vers Neustad ou Mayence. Le motif donné par le Prince c'est qu'il y aurait, au début de la guerre, à ménager les populations allemandes du Palatinat, de la Hesse et de la Bavière rhénane, afin de les attirer à soi et obtenir qu'elles fassent défection à la Prusse.

L'archiduc changea d'avis quand il lui fut représenté que s'il était un moyen de faciliter le mouvement de l'armée française d'Allemagne, tel qu'il le demandait, c'était de tromper la Prusse, aussitôt après la mobilisation des armées françaises, en faisant paraître d'abord le plus de forces possible sur la Sarre, et de faire prendre à ces forces, pour un certain nombre de jours, une offensive très décidée en avant de la Sarre, en les poussant si loin

dans le Palatinat que l'ennemi pût être convaincu que
l'armée principale française se trouvait sur la rive gauche
du Rhin, marchant résolûment sur Mayence. On attirerait
vraisemblablement ainsi une partie plus considérable de
l'armée prussienne sur le Rhin et dans le Palatinat. Quand
ce résultat aurait été obtenu, il serait temps encore de
prendre dans le Palatinat une attitude plutôt défensive
qu'offensive, afin de diriger sur la grande armée d'Allemagne tou'es les forces qui ne seraient point absolument
nécessaires sur la rive gauche du Rhin.

Quoiqu'il en soit des opérations poussées plus ou moins
loin dans le Palatinat par l'armée française de la Sarre, il
est bien certain que l'armée prussienne, aussitôt qu'elle
saura qu'une armée française considérable a franchi le
Rhin se dirigeant vers Stuttgard et la Franconie, gardera
très faiblement la rive gauche du Rhin, pour porter ses
forces principales vers l'est, sur le Bas-Mein ou le Haut-
Mein d'une part et, d'autre part, en Saxe, faisant face à
la frontière de Bohème.

On peut imaginer que la Prusse répartira alors ses corps
d'armée de la manière suivante :

Sur le Rhin et dans le Palatinat...............	2 corps.
Sur le Bas-Mein, entre Mauheim et Wurtzbourg	4 —
En Saxe..	4 —
En Silésie .	2 —
Dans les Duchés.	1 —
Total.	13 corps.

Ou bien encore si l'on veut pousser à l'extrème, en

admettant que la Prusse comprendra qu'au moment dont il s'agit elle n'aura encore rien à redouter de l'armée autrichienne de Bohême, non plus que de celle de Silésie, elle adoptera la répartition suivante :

Sur le Rhin	2	corps.
Sur le Mein	7	—
En Saxe.	2	—
En Silésie	1	—
Dans les Duchés	1	—
Total	13	corps [1].

Admettant donc que la Prusse dût répartir ainsi ses forces, l'archiduc Albert établissait, par ses calculs, que le mouvement de l'armée française, qui se portera du Rhin sur Nuremberg, ne pourra être contrarié en aucune façon par l'armée prussienne se concentrant sur le Mein. En effet, disait le Prince, pour avoir trois corps seulement réunis sur le Mein, la Prusse aura besoin de quatre semaines, savoir : deux semaines pour mobiliser chacun de ces quatre corps dans leur circonscription propre et les y concentrer, puis il faudra une semaine pour amener sur le Mein le 2e de ces corps venu de l'intérieur de la Prusse, une autre semaine encore pour y amener le 3e corps. Pour que la Prusse pût avoir quatre corps sur le Mein, il lui faudrait cinq semaines; pour cinq corps, six semaines; enfin pour sept corps, huit semaines, à compter du jour où

---

1. Ces 13 corps sont ceux dont la Prusse peut disposer, y compris le 12e corps que la Saxe doit fournir et le 13e corps qui est la garde.

l'ordre de la mobilisation aurait été donné. Si l'on supposait, d'un autre côté, que l'armée française destinée à l'Allemagne serait composée de 5 corps d'armée dont deux à
quatre divisions d'infanterie, deux à trois divisions et le
corps spécial de la Garde impériale formant le 5e à deux
divisions, on regardait, comme possible, que cette armée
eût ses corps d'armée mobilisés et concentrés sur le Rhin,
vers Strasbourg et Brissach, le 15e jour qui suivra l'ordre
de mobilisation, de manière que le Rhin pût être franchi
le 16e jour, c'est-à-dire de façon que l'on fût en état de
s'emparer de la rive droite du Rhin et de jeter les ponts
nécessaires sur les points de passage indiqués.

Si l'on suit alors la marche de cette armée française,
qui ne s'élèvera pas à moins de 240,000 à 250,000 hommes,
depuis son point de départ du Rhin jusqu'à Nuremberg,
on reconnaîtra, disait l'archiduc, que dans aucune de ses
journées d'étapes, elle ne sera exposée à être attaquée sur
son flanc gauche par une armée prussienne venant du
Mein; car cette armée prussienne sera toujours trop inférieure en forces pour oser se mesurer avec elle. Marchant
toujours de manière à ce que ses 5 corps d'armée soient
en mesure de se concentrer sur un même point en trois
fois vingt-quatre heures, ce qui ne paraît pas difficile à
obtenir, elle aura sa tête arrivée à Nuremberg le 45e jour
qui suivra celui où l'on aura donné l'ordre de mobilisation. Ce même jour, la Prusse n'aura pu réunir que
cinq corps d'armée sur le Mein. Si l'on recherche enfin
quelle sera la situation de chacune des deux armées française et prussienne, non plus vers le 45e jour, mais le 25e,

par exemple, on reconnaîtra que la tête de l'armée française étant ce jour-là à hauteur de Stuttgart et occupant nécessairement avec sa cavalerie des points importants tels que Ludweibourg et Stadhaufen, sur le Neckar hàll, en avant d'elle, l'armée prussienne n'aura encore que trois corps concentrés sur le Mein.

L'archiduc n'a pas tenu compte ici des contingents badois, bavarois et wurtembergeois qui, dans le premier moment des opérations de l'armée française d'Allemagne, pourraient se joindre aux forces prussiennes sur le Mein, ainsi que cela a été dit déjà par le Prince, les puissances de l'Allemagne du sud, malgré le désir (très problématique) qu'on pourrait leur prêter de vouloir tenir leurs engagements vis-à-vis de la Prusse, mobiliseront certainement leurs forces beaucoup plus lentement que la Prusse et l'Autriche, et surtout plus lentement que la France. La célérité de l'armée française les mettra, bien plus encore qu'elle ne mettra la Prusse, dans l'impossibilité de rien faire de sérieux, avant que l'armée française eût fait jonction avec l'armée autrichienne. Il est plus que probable que le contingent badois se bornera à occuper Rastadt et à se montrer autour de cette place, que les contingents wurtembergeois et bavarois se renfermeront dans Ulm. On peut même espérer que l'armée française ne se montrant pas en ennemie dans l'Allemagne du Sud, les gouvernements du Wurtemberg et de la Bavière montreront peu d'empressement à seconder la Prusse. Ils ne regretteront pas de se trouver impuissants devant l'armée française, et à coup sûr leurs armées n'iront pas se joindre aux Prussiens sur le Mein. Dans tous les cas, si l'on voulait supposer, par impossible, que les contingents de Bade, Wurtemberg et Bavière iront se joindre aux Prussiens sur le Mein, cette augmentation de forces, pour ceux-ci, ne changerait rien à ce qui a été dit ci-dessus ; l'armée française arriverait toujours à opérer sa concentration vers Nuremberg, avant que l'armée prussienne eût pu se présenter avec des forces suffisantes sur son flanc gauche. L'archiduc entend bien, d'ailleurs, quand il exprime cette opinion, que dans les opérations des armées française, prussienne et autrichienne qui suivront leur mobilisation et à partir du jour où l'armée française aura franchi le Rhin, et de celui où l'armée prussienne aura concentré des corps sur le Mein, tous les mouvements de troupes seront exécutés par les voies ordinaires, par étapes et non plus par les voies ferrées.

Ces dernières auront été coupées par l'une ou l'autre des deux armées et très probablement par toutes les deux. Si d'un côté ou de l'autre, on se sert encore des chemins de fer, ce ne sera plus que sur les derrières des armées ou très accidentellement pour des fractions de troupes peu considérables que l'on porterait en avant.

Autre exemple encore : A la date du 35e jour qui suivra l'ordre de mobiliser, la tête de l'armée française sera arrivée à Nordlingen en trois jours, elle pourra être concentrée sur ce point. La Prusse aura, de son côté, réuni quatre corps sur le Mein, et il lui faudra trois jours au moins pour que cette armée de quatre corps puisse venir menacer le flanc gauche de l'armée française très supérieur en forces. L'armée prussienne descendra-t-elle, quoique très inférieure, vers le centre de l'Allemagne du sud pour essayer d'arrêter l'armée française? Elle n'osera y songer ; car, dès le 35° jour, qui suivra la mobilisation ordonnée en Autriche, une armée prussienne qui serait sur le haut Mein ou concentrée près de Nordlingen, en face de l'armée française, serait très exposée du côté de celle-ci; mais très menacée aussi du côté de l'armée autrichienne de Bohême (1).

Ce serait alors pour l'Autriche et l'Italie le moment de dénoncer leur neutralité, au lieu d'attendre 42 jours après l'ordre de mobilisation pour déclarer la guerre et joindre leurs forces à celles de la France. Le feraient-elles? l'archiduc laisse espérer que l'Autriche n'hésiterait pas.

Dans le plan qu'il a imaginé, l'archiduc Albert tient peu de compte de la place d'Ulm occupée par les troupes de Wurtemberg et de Bavière. Le Prince est convaincu que ces troupes ne pourront tenir la campagne dans les environs de la place pour contrarier le mouvement de l'armée française. Il considère, en outre, que l'importance de la forteresse d'Ulm a été fort exagérée, que parmi les forts qui constituent le camp retranché de la place, les deux principaux, dont celui de Willembourg, sur la rive gauche du Danube, pourraient être très menacés et seraient probablement enlevés en peu de jours par un corps d'armée française qui s'établirait sur les hauteurs qui avoisinent ces deux forts, hauteurs qui sont à la même cote que ces

(1) Il faut remarquer que, dès le 25° jour, un corps autrichien, dont la concentration serait presque achevée, serait à Pilsen sur Amberg.

forts et à la distance de 1,800 à 2,000 mètres. Rien ne semble préparé à Ulm en vue d'un armement qu'on voudrait exécuter très promptement. Les communications entre une armée prussienne du Mein et le corps wurtembergeois ou bavarois, qui serait à Ulm au début des hostilités, seraient interceptées à coup sûr par l'armée française, avant que l'armement eût pu être à demi-achevé. On pourrait objecter à l'archiduc Albert que si l'on devait avoir et si l'on avait en effet grande confiance dans les calculs qu'il avait faits et dans les études auxquelles il s'était livré relativement au temps qu'il fallait à la Prusse pour mobiliser, concentrer et mettre ses forces en mouvement au delà de ses frontières, cette confiance toutefois ne pouvait être tellement absolue, qu'on ne vit point de danger pour une armée française qui exécuterait le grand mouvement que S. A. I. indiquait, mouvement pendant toute la durée duquel cette armée serait constamment menacée sur son flanc gauche et sur ses derrières, sur son flanc gauche, par une armée prussienne concentrée sur le Mein, et plus forte, peut-être, qu'on ne le supposait, et sur les derrières par un corps prusso-badois concentré à Rastadt. La prudence conseillait, sans aucun doute, de prêter à la Prusse plus de célérité que ne lui en concédait le Prince pour la mobilisation ou le transport de ses forces sur les points de concentration choisis par elle au début des hostilités. Dans les idées mêmes du Prince, il fallait que l'armée d'Allemagne fît sa jonction avec l'armée autrichienne de Bohême avant d'avoir eu une bataille à recevoir, d'où elle sortirait affaiblie, fût-elle même victorieuse. Il fallait dès lors être très certain que, pendant le grand mouvement qu'on lui demandait, l'armée prussienne ne pourrait jamais lui présenter sur sa gauche, vers Stuttgart, cinq ou six corps, au lieu de trois qu'admettait l'archiduc; à Nordlingen, sept ou huit au lieu de quatre, entre Nordlingen et Nuremberg peut-être neuf, alors que l'armée autrichienne serait encore incapable de marcher à sa rencontre pour lui donner la main.

Dans une note spéciale, qui avait été rédigée pour exprimer un certain doute à ce sujet, il était dit que dans la difficulté où l'on se trouvait d'avoir une appréciation très exacte de ce que pourrait faire la Prusse, eu égard aux études persévérantes auxquelles se sont livrés ses officiers pour obtenir la plus grande célérité possible dans la concentration des armées, il paraissait indispensable que le cas fût prévu où une armée française, marchant sur Nuremberg, après son passage du Rhin, serait arrêtée tout à coup dans son mouvement, ayant sur son flanc une armée prussienne égale, sinon supérieure en forces. On ajoutait que, dans un cas pareil, l'armée française n'aurait point à hésiter un instant. Elle devait renoncer sur-le-champ à poursuivre sur Nuremberg, éviter une grande bataille, et se dérobant à l'armée prussienne au moyen d'un mouvement tournant qui la ferait pivoter sur celui de ses corps qui serait le plus rapproché d'Ulm, passer sur la rive droite du Danube. Le passage du fleuve se ferait soit en amont soit en aval d'Ulm, suivant la situation présente de l'armée. Une fois concentrée sur la rive droite du Danube, l'armée marcherait par cette rive sur Donauwert et Ingolstadt pour aller se joindre à l'armée autrichienne.

Mais en prévision de ce mouvement, qui serait peut-être imposé à l'armée française, il était indispensable que, pendant sa concentration en Bohême, l'armée autrichienne eût, au moins, trente jours après l'ordre de mobilisation, 40 à 50,000 hommes à Pilsen, tout prêts à se porter à ce moment sur Ratisbonne pour s'y joindre à l'armée française arrivant soit à Ratisbonne, soit à Ingolsladt par la rive droite du Danube.

Il y avait à dire encore que, dans le mouvement dont il s'agit ici, l'armée française se verrait condamnée à perdre pour un certain temps, sinon pour toujours, sa ligne d'opération sur le Rhin. Un corps d'armée prussien pouvait, en se joignant aux troupes badoises, se jeter sur Rastadt sur les derrières de l'armée française et couper ses communications avec Strasbourg et même Brissach. Il est bien vrai que l'armée française ne serait pas perdue pour cela. Sa jonction avec l'armée autrichienne en éprouverait un certain retard, du fait du mouvement qu'elle aurait exécuté sous les murs d'Ulm, pour franchir le Danube, elle se ferait quelques jours plus tard et sur un autre point que celui que le Prince avait imaginé ; mais les quelques jours de retard que l'on subirait devaient mettre l'Autriche en situation de jeter le voile vis-à-vis de la Prusse, au cas où elle se serait crue jusque-là forcée de garder les apparences de la neutralité, la concentration de son armée de Bohême n'étant point encore assez avancée. On devait penser que, du moment où l'armée française serait sur la rive droite du Danube, les armées alliées d'Autriche et d'Italie commenceraient leurs opérations.

L'armée italienne, ayant le passage libre par le Tyrol autrichien, du fait de la déclaration de guerre de l'Autriche à la Prusse, marcherait aussitôt sur Munich. Maîtresse de ce point, elle dominait la Bavière, et permettait à l'armée française de se servir éventuellement de la voie ferrée du Brenner, reliée par le chemin de fer italien de Véronne, Milan, Turin, avec le Mont-Cenis, comme ligne de communication avec l'intérieur. On devait compter qu'aussitôt la jonction faite entre les armées alliées, l'armée française pourrait rétablir et assurer fortement sa ligne d'opérations sur le Rhin et par Brussach.

Aux observations et aux propositions dont il vient d'être parlé, l'archiduc, opposant les calculs qui lui avaient donné la conviction que l'armée prussienne ne pouvait rien faire pour contrarier le mouvement de l'armée française sur Nuremberg, convenait cependant que, pour mettre de leur côté, une prudence qu'il regardait, pour son propre compte, comme exagérée, il donnait son approbation complète à la combinaison qui lui était soumise. Il admettait d'autant plus volontiers cette combinaison, que si, par impossible, on devait la mettre à exécution, on déroutarait, selon lui, tous les plans de l'ennemi, par le mouvement tournant de l'armée française, se dérobant tout à coup pour passer le Danube sous les murs d'Ulm. Pendant ce mouvement, que l'armée prussienne ne pourrait contrarier, cette armée ne risquerait même pas à se mettre dans les traces de l'armée française et ne s'approcherait pas d'Ulm ; car elle serait trop menacée par l'armée autrichienne de Bohême. Ses corps d'armée, surtout s'ils étaient nombreux, venus du Mein, vers Stuttgard ou le Moyen-Neckar, quitteraient l'Allemagne du sud en toute hâte, pour se porter en Saxe, sur la frontière de Bohême, et derrière les défilés de la Thuringe. Il serait presque à désirer, disait l'archiduc, que l'armée française se vît ou se crût forcée de passer le Danube, comme on l'a dit ; le résultat ou l'objet principal de ses premières opérations, c'est-à-dire la jonction des armées alliées, devant en être la conséquence très assurée.

Il pouvait être intéressant d'examiner la question de savoir si, dans l'opinion de l'archiduc, il serait favorable aux puissances alliées de songer à une campagne d'automne contre la Prusse. Sur ce point, le Prince est d'avis que ce n'est qu'au printemps qu'il est possible d'entreprendre une guerre contre cette puissance. Les raisons principales sont qu'il faut prévoir le cas où la lutte se prolongerait, une grande bataille heureuse pour les alliés pouvant ne pas suffire pour abattre l'orgueil national prussien ; que, dans ce cas, il serait bien désirable que l'on eût devant soi de longs mois et de longs jours pendant lesquels les armées alliées trouveraient de grandes facilités pour marcher utilement et pour suivre leurs premiers succès ; qu'il convenait au contraire de redouter les jours courts de l'automne et de l'hiver, dans un pays où, peut-être, la population insurgée exposerait aux surprises de nuit ; que d'ailleurs il convenait de redouter, pour les soldats des armées alliées, un climat trop froid et un sol marécageux que les soldats prussiens supporteraient beaucoup mieux qu'eux.

Dans le plan de campagne imaginé par l'archiduc, le Prince demandait que la France ayant deux armées, l'une destinée à l'Allemagne et à se joindre à l'armée autrichienne, l'autre sur la rive gauche du Rhin, la première fût constituée, aussi fortement que possible ; la deuxième, au contraire, se composant de ce qui serait rigoureusement nécessaire, sur la Sarre ou dans le Palatinat, Son Altesse Impériale étant d'ailleurs convaincue, pour les motifs exposés déjà, que la France n'aurait à craindre aucune agression sérieuse de ce côté du Rhin. Il était impossible de ne pas représenter à l'archiduc que la France était tenue à ne pas trop dégarnir ses frontières du nord-est et du nord ; que, dans une guerre avec la Prusse, elle aurait nécessairement à observer la Belgique, à agir dans le Palatinat, et à se préoccuper aussi de la place de Luxembourg, nonobstant ce qu'on pouvait dire du traité qui l'a neutralisé récemment au grand déplaisir de la Prusse.

Afin que le Prince ne pût pas s'exagérer ce que pourrait faire la France en vue de condescendre à ses désirs, une note lui fut remise dans laquelle on présentait une composition rigoureusement possible des deux armées françaises dont il s'agissait, en utilisant toutes les forces actives disponibles de l'armée telle qu'elle existe en ce moment.

Aux observations relatives à la Belgique et à la place de Luxembourg, l'archiduc répondait, en répétant que dans

un conflit engagé avec la France et l'Autriche, la Prusse
ne pourrait songer à prendre l'offensive sur la rive gauche
du Rhin, trop menacée qu'elle serait du côté de Berlin par
l'armée de Bohème; que sa perte la plus certaine serait
qu'une armée prussienne mît le pied sur le sol de la Belgique, qu'en ce qui concernait particulièrement la place
de Luxembourg, la Prusse n'avait aucun intérêt à y jeter
une partie de ses forces, puisqu'elle ne pouvait songer à
prendre l'offensive pour envahir la France par ce côté,
tandis que pour elle, ce serait s'affaiblir que d'occuper le
Luxembourg avec des troupes qui, inutiles là, lui seraient
si nécessaires ailleurs, du côté du Mein ou du côté de la
Bohème; qu'enfin, à ce point de vue de la question, qui
était relatif aux frontières de la France du côté du nord,
le plan imaginé par le Prince offrait cet avantage qu'il
localisait forcément la guerre, ne donnant ni à la France,
ni à la Prusse, aucun prétexte ou aucune nécessité pour
ne pas respecter la neutralité de la Belgique et du Luxembourg. Comme il était représenté à l'archiduc qu'on serait
désireux qu'il voulût bien permettre qu'on soumît à son
approbation, la rédaction du plan de campagne auquel il
donnait la préférence sur celui qu'on lui avait exposé, afin
de n'en rien omettre, afin aussi, que l'on pût mettre à
l'appui les considérations qu'il avait fait valoir, et qu'on a
cherché à reproduire ci-dessus, quand le moment serait
venu de les faire connaître à Paris, où, sans aucun doute,
elles rencontreraient quelque opposition, l'archiduc proposa de rédiger le tout lui-même, sous peu de jours, et
d'en faire l'envoi à Paris par voie sûre.

Enfin, sur la proposition qui était faite au Prince de ne pas s'en tenir à l'étude d'un seul plan de campagne, parce qu'il semblait qu'il y eût utilité à étudier plusieurs plans, il fut admis par S. A. I. que l'Autriche, proposant le plan qu'il avait imaginé, plan qu'elle considérait comme le seul qui dût ou pût être mis à exécution, étudierait deux autres plans, afin que les officiers qui, forcément, seraient appelés à faire les études nécessaires, ne pussent savoir celui des trois plans auquel on se serait arrêté uniquement.

L'archiduc accédait d'autant mieux à cette proposition qu'il lui paraissait que des études dont il s'agit, il ressortirait clairement que le plan qu'il avait proposé, n'exposerait à aucun danger et réunissait tous les avantages désirables.

VII

NOTE REMISE A L'ARCHIDUC ALBERT, LE 13 JUIN

FORCES ACTIVES DE L'ARMÉE FRANÇAISE DISPONIBLES POUR UNE GUERRE EN EUROPE

1° INFANTERIE

Nombre des bataillons actifs......................	338 b^ons
Nombre des divisions d'infanterie que l'on pourrait former à 13 et 12 bataillons................	26 1/2 d^ons

En effet, il faut laisser en Algérie 8 régiments
d'infanterie, le régiment étranger et 3 bataillons d'infanterie légère d'Afrique. Il reste alors pour composer les divisions d'infanterie en Europe, savoir :

98 régiments de ligne à 3 bataillons............	294 b^{ons}
20 bataillons de chasseurs à pied de ligne.......	20 —
7 régiments d'infanterie de la Garde à 3 bataillons.	21 —
3 bataillons de chasseurs à pied de la Gard.e....	3 —
Total égal en bataillons à celui indiqué ci-dessus.	338 b^{ons}

Et fournis, savoir :

Par les régiments de ligne	314 b^{ons}
Par la Garde impériale.....	24 —

Avec les bataillons de la ligne, on pouvait former :

20 divisions à 13 bataillons dont un bataillon de chasseurs à pied	260 b^{ons}
4 Divisions à 12 bataillons...................	48 —

Divisions dans lesquelles on placerait les zouaves
et les tirailleurs algériens.

La Garde impériale donnerait :

Une division de grenadiers et de zouaves........	11 —
Une division de voltigeurs (y compris le bataillon de chasseurs à pied)...........................	13 —
Total, 26 divisions d'infanterie....	332 b^{ons}

Il resterait comme disponibles encore 2 régiments
non employés, c'est-à-dire une brigade de 6 batail-

lons...............................	6 —

Cette brigade pourrait provisoirement être consi-
dérée comme la brigade laissée dans les États Ponti-

ficaux	338 b^{ons}

On pourrait destiner à l'armée française (armée d'Allemagne), armée principale ; savoir :

4 corps d'armée formés avec l'infanterie de ligne.

1 corps spécial, celui de la Garde impériale, qui serait dirigé sur l'armée aussitôt que possible, et qui pourrait être considéré comme une réserve de cette armée.

L'armée française secondaire, armée du Rhin ou armée de la Sarre, comprend 3 corps d'armée.

Composition en infanterie, de l'armée principale, dite 1re armée ou armée d'Allemagne :

1er corps. — 4 divisions dont 2 à 13 bataillons et 2 à 12 bataillons.............................. 50 b^{ons}
2e corps. — Même composition que le 1er....... 50 —
3e corps. — 3 divisions à 13 bataillons.......... 39 —
4e corps. — Même composition que le 3e........ 39 —
Garde impériale.............................. 24 —

Total de l'infanterie pour l'armée principale...... 202 b^{ons}
155.540 b^{ttes}

Composition de l'armée secondaire ou 2e armée :

5e corps. — 3 divisions à 13 bataillons.......... 39 b^{ons}
6e corps. — — — .. .. 39 —
7e corps. — — — .... 39 —

Total de l'infanterie de la 2e armée .... 117 b^{ons}
90.090 b^{ttes}

Il reste, comme disponibles, 19 bataillons, c'est-à-dire une division à 13 bataillons, division qui pourra, au début de la guerre, recevoir une distination spéciale, plus la brigade de 6 bataillons qui serait maintenue à Civita-Vecchia.

RÉPARTITION DE LA CAVALERIE DANS LES DEUX ARMÉES

2° CAVALERIE

La France peut disposer de 57 régiments de cavalerie (y compris les 6 régiments de cavalerie de la
Garde impériale) pour une guerre en Europe. 3 régiments de cavalerie légère et 3 régiments de spahis
seraient employés en Algérie.

ARMÉE PRINCIPALE. — 1re ARMÉE

Au 1er corps (4 divisions d'infanterie) un régiment
pour chaque division d'infanterie, soit.............. 4 régts

Réserve de cavalerie du 1er corps. Une brigade à
3 régiments..................................... 3 —

Le 3e régiment de cette brigade donne les escortes
au quartier général et aux divisions.

Au 2e corps. — Comme au premier............ 7 —

Au 3e corps. — Un régiment par division d'infanterie. .... 3 —

Réserve de cavalerie du corps, une brigade à 3 régiments.. 3 —

Les régiments étant à 5 escadrons plutôt qu'à 4 ou
du moins 1 ou 2 régiments à 5 escadrons pour qu'on
puisse y prendre les escortes.

Au 4e corps. — Comme au 3e................. 6 —

Au grand quartier général de l'armée (tiré de la
Garde).. 1 —

Réserve générale de l'armée.

2 divisions à 4 régiments chacune et formant un
corps de cavalerie............................... 8 —

Total pour la cavalerie de ligne, 34 régiments, un
régiment de la Garde............................. 35 régts

5 régiments de la Garde .... 5 —

Total de la cavalerie pour l'armée principale.... 40 régts

ARMÉE SECONDAIRE. — 2ᵉ ARMÉE

Au 1ᵉʳ corps (3 divisions d'infanterie)..........   3 régᵗˢ
Réserve du 1ᵉʳ corps.....................   1 —
Au 2ᵉ corps............................   4 ...
Au 3ᵉ corps.......... ... .   4 —
Au grand quartier général.................   1 —
Réserve générale de l'armée (une division). ...   4 —

Total pour la cavalerie de la 2ᵉ armée... ....   17 régᵗˢ
Total de la 1ʳᵉ armée......................   40 —

Total général égal au nombre de régiments disponibles en France.......................   57 régᵗˢ

RÉPARTITION DE L'ARTILLERIE ENTRE LES DEUX ARMÉES

3° ARTILLERIE

Armée principale, 1ʳᵉ armée [1].

1ᵉʳ corps. — 4 divisions d'infanterie, 12 batteries avec la brigade de cavalerie de réserve du corps.
Une batterie qui pourra être habituellement à la réserve....................   23 bⁱᵉˢ
Réserve d'artillerie du corps..............   10 ...
2ᵉ corps. — Comme le 1ᵉʳ...............   23 —
3ᵉ corps. — 3 divisions d'infanterie...........   9 —

A reporter..... ....   65 bⁱᵉˢ

---

1. On suppose que chaque régiment monté ou à cheval pourra donner 8 batteries, ce qui reste à examiner.

Report................	63 b^ies
Avec la brigade de cavalerie de réserve, dont la batterie sera à la réserve du corps................	1 —
Réserve d'artillerie du corps................	8 —
4ᵉ corps. — Comme le 3ᵉ................	18 —
Réserve générale de l'artillerie de l'armée [1]......	16 —
Total de l'artillerie de la ligne de l'armée.......	98 —
Artillerie de la Garde................	12 —
Total général de l'artillerie de la 1ʳᵉ armée......	110 b^ies
Soit......	660 p^ces

Artillerie de l'armée secondaire, 2ᵉ armée.

Au 1ᵉʳ corps, 3 divisions d'infanterie........	9 b^ies
Réserve du 1ᵉʳ corps................	4 —
Au 4ᵉ corps, même composition.	13 —
Au 3ᵉ corps —	13 —
Artillerie de la réserve de Cⁱᵉ................	1 —
Réserve de l'artillerie de l'armée................	10 ou 9 —
Total de l'artillerie de l'armée......	48 b^ies
Ou.......	288 p^ces
Total de l'artillerie de la 1ʳᵉ armée	110 —
Total de l'artillerie des deux armées...........	158 b^ies
Soit	948 p^ces

Les chiffres donnés dans cette note, donnent un aperçu de ce que l'on pourrait avoir de batteries en Europe; mais en admettant qu'on dût laisser 6 batteries en Algérie, et

1. L'artillerie de la réserve générale de cavalerie sera de 4 batteries prises sur la réserve générale de l'artillerie de l'armée.

qu'on dût y prendre 3 batteries de montagne. On pourrait disposer de 948 bouches à feu, tandis que dans les projets arrêtés, on ne compte pouvoir disposer que de 916 bouches à feu. On ne parle pas des mitrailleuses.

VIII

ENTREVUE DU GÉNÉRAL LEBRUN AVEC L'EMPEREUR FRANÇOIS-JOSEPH, LE 14 JUIN

D'après les instructions qu'il avait reçues de l'Empereur François-Joseph, l'archiduc Albert me conduisit au château de Laxembourg le 14 juin, dans la soirée où je devais être présenté à Sa Majesté.

L'Empereur reçut S. A. I. pendant qu'il se promenait dans les allées du parc. La présentation faite, et après quelques paroles gracieuses pour l'Empereur, l'Impératrice, le Prince impérial, Sa Majesté mit aussitôt la conversation sur l'objet de ma mission auprès de l'archiduc.

L'Empereur s'exprima textuellement dans les termes suivants :

« L'archiduc m'a rendu compte des questions qui ont été traitées entre Lui et vous. Je ne puis qu'approuver les moyens proposés pour l'exécution du plan dont il m'a parlé, au point de vue militaire. Mais je dois vous dire qu'avant tout, *je veux la paix;* si je fais la guerre, il faut que j'y sois forcé. Je me plais à espérer que l'Empereur Napoléon voudra bien tenir compte de ma situation personnelle politique, tant à l'intérieur qu'à l'extérieur. Si je déclarais la guerre, en même temps que lui, il n'est pas douteux, qu'exploitant de nouveau l'idée allemande, la Prusse pourrait surexciter et soulever à son profit les populations allemandes, non pas seulement chez elle et dans l'Allemagne du sud ; mais aussi dans l'Empire austro-hongrois, ce qui serait très fâcheux pour mon gouvernement.

« Mais si l'Empereur Napoléon, forcé d'accepter ou de déclarer la guerre, se présentait avec ses armées dans le midi de l'Allemagne, non point en ennemi, mais en libérateur, je serais forcé de mon côté de déclarer que je fais cause commune avec lui. Aux yeux de mes peuples, je ne pourrais faire autrement que de joindre mes armées aux armées françaises. Voilà ce que je vous prie de dire de ma part à l'Empereur Napoléon, j'espère qu'il verra, comme moi, ma situation politique, intérieure et extérieure. »

Je répondis à l'Empereur François-Joseph qu'à mon départ de Paris, je n'avais été autorisé, en aucune façon, à parler à Vienne de la question politique dont Sa Majesté venait de parler, mais que cependant je croyais pouvoir dire que si l'Empereur m'avait envoyé près de l'archiduc, après engagement pris entre lui et S. A. I., c'est que Sa Majesté avait sans doute considéré qu'il était prudent, eu égard à la situation politique de l'Europe, de chercher à établir, dès à présent, entre les deux souverains de France et d'Austro-Hongrie, une entente qui fît que d'un côté, comme de l'autre, on n'eût pas à craindre d'être pris en flagrant délit de non-préparation, si, sans vouloir ou sans désirer la guerre, on était tout à coup forcé de l'accepter ou de la déclarer soi-même.

L'Empereur François-Joseph dit qu'il approuvait fort un pareil motif de prudence, puis il continua la conversation sur des questions étrangères au sujet dont il venait d'être question jusque-là. En me donnant congé, il m'invita à porter à Paris près de l'Empereur et de l'Impératrice, l'expression de ses sentiments de bon souvenir et de sincère amitié.

Le ton de l'Empereur François-Joseph, quelques-unes de ses paroles, suivant de près celles-ci : « Avant tout je veux la paix, pour faire la guerre, il faut que j'y sois forcé », ne m'ont laissé aucun doute, sur le sens que je devais donner à cette déclaration de Sa Majesté. L'Empereur a voulu que je comprisse bien, pour le rapporter à Paris, que s'il considérait la guerre comme possible, probable, désirable même, il fallait néanmoins que chez le peuple austro-hongrois, ainsi qu'à l'étranger, on fût convaincu ou que l'on pût dire, qu'il voulait la paix. Il a voulu faire entendre qu'il était à désirer que si un jour il déclarait la guerre à la Prusse, la nation austro-hongroise pût croire ou dire que ce faisant, il obéissait à un devoir impérieux vis-à-vis d'elle et vis-à-vis de l'Allemagne du sud.

L'Empereur François-Joseph a fait deux fois la guerre malheureusement en 1859 et en 1866. Il n'ignore pas, m'a dit l'archiduc, que ses sujets s'en souviennent, et il doit penser que ceux-ci n'accepteraient volontiers les charges d'une troisième guerre que dans le cas où cette guerre paraîtrait commandée par une impérieuse nécessité.

Paris, le 30 juin 1870.

L'aide de camp de L'Empereur,

Signé : LEBRUN.

NOTES DE L'ARCHIDUC ALBERT

I

PLAN RÉDIGÉ DE LA MAIN DE L'ARCHIDUC ALBERT
OBSERVATIONS RELATIVES AU PROJET DE COMMENCER LES GRANDES
OPÉRATIONS SUR LA RIVE GAUCHE DU RHIN.

Le 10 juin 1870. — Pour bien tromper l'ennemi, il faut d'abord tromper les siens : l'armée, le pays et surtout les administrations de chemin de fer, car c'est de là que l'ennemi reçoit ses informations.

Si l'on veut arriver à Stuttgard sans obstacles sérieux, il faut que l'ennemi se persuade qu'il sera attaqué sur la rive gauche du Rhin, qu'on veuille faire le siège de Mayence. Tout doit contribuer à raffermir cette hypothèse.

Le 13ᵉ jour. — (A compter de l'ordre de rappel de la réserve), 12 divisions formant l'armée de la Sarre : 8 divisions à Thionville, Metz et à proximité de la Sarre comme si l'on s'attendait à une irruption prussienne de ce côté.

1 division dans les places de la Meuse (celles de la Sambre ne sont pas menacées du tout).

3 divisions échelonnées à Dieuze, Lunéville et Nancy (y compris la Garde).

RÉSERVE

3 divisions à Paris.

1 division à Haguenau.

4 divisions échelonnées à Strasbourg et Phalsbourg.

3 divisions échelonnées de Neuf-Brisach à Belfort.

2 divisions à Lyon.

2 divisions en route de l'Algérie[1].

Préparatifs ostensibles pour :

1° Rassembler l'armée du Rhin à la Lauter : 8 divisions ;

2° La remplacer par 4 divisions venant du midi ;

3° Concentrer l'armée de la Sarre et la réserve de Paris, 15 divisions en Basse-Lorraine, c'est-à-dire 23 divisions dirigées vers Mayence et Coblentz.

Le 14e et le 15e jour. — Toute communication aux frontières interceptée ; la division des places de la Meuse remplacée par les dépots, se concentre à Thionville ; les 8 divisions entre Metz et la Sarre se concentrent vers Forbach, marchant à pied ; les 3 divisions échelonnées entre Nancy et Phalsbourg, en chemin de fer, vers Strasbourg, jusqu'à la bifurcation de la ligne sur Wissembourg[2].

1. Ces emplacements d'après les données de M. le général Lebrun.
2. Le débarquement et l'embarquement causeraient trop d'embarras et de perte de temps.

Les trois divisions en Haute-Alsace se concentrent à Neuf-Brisach.

Le 3ᵉ jour au soir. — Il y a 8 divisions près de Forbach, l'avant-garde se présente devant Saarbrük et Saarlouis, et s'empare, si faire se peut, du premier.

1 division à Thionville.

1 en aval de Strasbourg.

De la cavalerie gardant la Lauter de Wissembourg à Lauterbourg.

2 divisions à la bifurcation des lignes de Strasbourg et Wissembourg.

4 divisions à Strasbourg.

1 division, marchant à pied, a dépassé Saverne.

Des 3 divisions de Paris : 1 est arrivée à Strasbourg ;

1 en route ;

1 à Paris.

3 divisions à Neuf-Brisach.

Dans la nuit du 15 au 16ᵉ jour. — Les quatre divisions du midi en route, la tête à Colmar.

Passages des avant-gardes à Haguenau, Strasbourg, Neuf-Brisach.

Établissement des ponts, etc.

Le 16ᵉ jour au soir. — L'armée de la Sarre occupe Saarbrük, l'avant-garde poussée vers Neunkirch et Hombourg, la division de Thionville en marche vers la Sarre.

La division d'Haguenau a passé le Rhin observe Rastadt.

Les 4 divisions de Strasbourg à Wildstett, Kehl, etc.

L'avant-garde occupe Appenmeyer et Offenbourg.

3 divisions (de Nancy, etc.) à Strasbourg.

2 divisions (de Paris) à Strasbourg.

1 division (de Paris) en route.

3 divisions en avant de Neuf-Brisach, l'avant-garde aux environs de Fribourg.

1 division du midi à Neuf-Brisach.

3 divisions (du midi) en route, leur tête à Colmar.

A partir du seizième jour, les troupes dirigées sur le Rhin forment la grande armée.

Le 17e jour au soir. — Neukirch et Hombourg occupés par l'avant-garde. L'armée de la Sarre à Saarbrück.

Nota. — Les mouvements de cette armée dépendront uniquement de ceux de l'ennemi.

Grande armée. — Une division devant Rastadt, l'avant-garde devant Kniébis ou l'occupant.

4 divisions au pied des collines (sur le Bergstram).

5 divisions ont passé le Rhin et campent à Kehl, Wild-stett, etc.

1 division arrivant à Strasbourg.

3 divisions à Fribourg, l'avant-garde dans le Höllenthal.

1 division entre Fribourg et Vieux-Brissach, 1 division à Colmar.

2 divisions en route du midi.

Le 18e jour au soir. — 1 division devant Rastadt, l'avant-garde en avant de Frendenstadt, ses coureurs au delà de Horle, interceptant le chemin de fer.

4 divisions à Kniébis.

5 divisions à Appenmayer, Reuchen.

1 division en avant de Kehl.

1 division (du midi) arrivant à Strasbourg.

2 divisions en arrière de Neustadt, occupée par l'avant-garde dont les coureurs ont intercepté le chemin de fer à Hüfingen et Donau Eschingen.

1 division en route sur Villingen.

1 division à Fribourg.

1 division à Vieux-Brissach.

1 division en route du midi.

Les jours suivants. — Ces mouvements continuent. L'avant-garde le 21 devant Stuttgard, 4 divisions l'occupent le 22, 5 autres le 23, 1 division le 24. En somme 10 divisions le 24 à Stuttgard, le corps de l'aile droite, 3 divisions à Tubingen à deux étapes de Stuttgard le 23.

Si la résistance de l'ennemi occasionnait du retard dans la marche des premiers échelons, le résultat final, 15 divisions réunies le 26, n'en serait pas altéré.

Pourront se battre près de Stuttgardt :

    Le 25 : 13 divisions
    Le 26 : 15   —.   171,000 baïonnettes
    Le 27 : 16   —   182,000   —
    Le 28 : 17   —   193,000   —

Le 28ᵉ jour. — L'avant-garde à Nordlingen, ses coureurs à Gunzenfousen, Donauwerth, Feutwang et Hall, le corps de l'aile droite masquant Ulm.

Le 35ᵉ jour au soir. — L'avant-garde, si elle n'a pas

rencontré l'ennemi à Nuremberg, aura ses coureurs à Rottemburg, Farchhein, Sulzbach ; le trente-septième jour, ces derniers à Wurzbourg, Bamberg, Bayreuth, Weiden.

Le gros se concentrera à Nuremberg entre le trente-septième et le quarantième jour.

Si l'ennemi est en forces imposantes, à Ausbach ou à Nuremberg, la grande armée gagnera d'Aalen et de Nordlingen, le Danube, le passera entre Günsbourg et Neubourg et marchera sur Ratisbonne. Dans le cas très invraisemblable (selon moi presque impossible), que l'ennemi eût pu rassembler plus de 100,000 baïonnettes entre Stuttgardt et Carlsruhe, avant le 26, la grande armée pourra passer le Danube en amont d'Ulm et marcher par Augsbourg à Ratisbonne. Dans le premier cas, elle s'y rallierait entre le trente-neuvième et le quarante-deuxième jour, dans le deuxième cas, le quarante-deuxième et le quarante-sixième jour.

Dans ce dernier cas, l'armée autrichienne aurait déjà franchi la frontière bavaroise.

Selon le dire des Prussiens, il leur faut trois semaines pour rassembler un corps d'armée tout mobilisé sur un point quelconque de sa circonscription. Admettons que les divisions fussent prêtes à marcher après quinze jours et que les chemins de fer allemands ne mettraient que deux jours pour faire partir une division entière, il s'ensuit qu'il y aura :

Le 16ᵉ jour. — Deux divisions à peine sur la Sarre (du VIIIᵉ corps).

La division badoise, si elle est réunie, à Rastadt et observant le Rhin.

La division vurtembergeoise, observant la Forêt-Noire.

Les deux corps bavarois en formation.

Peut-être une ou deux divisions prussiennes à Rastadt.

Le 20° jour. — Trois corps (six divisions) à la Sarre ou à Trèves, 76,750 baïonnettes.

Le 22° jour. — Quatre corps (huit divisions) à la Sarre ou à Trèves, 102,500 baïonnettes.

Contre lesquels sont restées dès le 15° jour :

Neuf divisions ou 102,500 baïonnettes françaises.

Stuttgard occupé par l'armée française.

La division wurtembergoise et deux corps prussiens se concentrent derrière le Neckar, 64 à 65,000 baïonnettes.

Le 26° jour. — Admettons l'arrivée d'un troisième corps prussien et d'un corps bavarois, 116,000 baïonnettes contre 171,000, et le 28° jour contre 193,000 baïonnettes françaises.

Notez bien que les quatre corps, qui pourraient se trouver le 22° jour derrière la Sarre, seraient en état de se tenir sur la défensive; mais que pour prendre l'offensive, il leur faudrait au moins six à huit jours de plus (compléter les transports, mobiliser et faire avancer les magasins). Ce n'est qu'après quatre semaines, qu'ils pourraient tenter une invasion de la Lorraine.

Il est incontestable que les préparatifs ostensibles pour une offensive vers Mayence; que l'agglomération d'une forte armée en Lorraine attireront l'attention des Prussiens de ce côte; que l'inattendu du commencement des opérations et la rapidité des mouvements pendant les huit premiers jours, permettront d'autant moins aux Prussiens d'y parer à temps, qu'il faut toujours des journées entières, et quelquefois même plus, pour changer complètement les dispositions données pour le transport en chemin de fer.

La combinaison des divers convois et du matériel de transport à disposition est toujours très compliquée, quand on a surtout affaire à une vingtaine d'administrations différentes. Plus qu'autrefois, chaque jour de gagné sur l'ennemi est précieux, comme tout ce qui lui impose la loi contrairement à ses projets.

Supposons, en effet, qu'après les nouvelles reçues, on s'attende à Berlin à une pointe sur Mayence, que les ordres donnés par suite, et que les transports en chemin de fer commencent à être exécutés, quand, peu de jours après, la nouvelle du passage du Rhin, sur trois points, simultanément avec celle de l'offensive sur Neutkirch et Hambourg, vient changer la situation. Ce sont trois jours perdus au moins, et les hypothèses sus-indiquées des forces allemandes qui pourraient être réunies au Neckar, ne pourront pas même se réaliser (du 16ᵉ au 22ᵉ jour).

C'est la certitude qu'on peut avoir alors que :

1° Une invasion de la Lorraine ne sera plus tentée;

2° L'idée de défendre le Neckar, près de Stuttgard, avec une armée égale à celle de l'agresseur, quand même, adoptée d'abord, ne pourra plus être réalisée à temps. (Les mouvements en chemin de fer ordonnés le 16e jour au soir, ne commenceront avec le transport des masses que le 18e ou le 19e jour);

3° Une pointe de Rastadt vers Fribourg pour couper les communications de l'armée française ne pourrait commencer que le 24e jour (quatre à cinq jours pour réunir es troupes);

Cette pointe ne toucherait à la ligne de Kehl à Freudeustadt que le 25e ou le 26e jour, c'est-à-dire quand l'armée aura passé avec ses convois et réserves, et la ligne de Fribourg à Huningue, pas avant le 28e jour, opération très dangereuse, du reste, car qui garantit à l'ennemi que le gros de l'armée française faisant volte face en tombant sur sa gauche, ne le serrerait entre le Rhin et les collines?

C'est pourquoi il n'est point possible qu'on l'entreprenne avec l'énergie et les forces suffisantes;

4° Si les Prussiens se décident à concentrer une forte armée au delà du haut Mein, c'est-à-dire à Ansbach et Nuremberg, ils devront en revenir dès que l'attitude de l'Autriche et la concentration de son armée en Bohème ne leur laisseront plus de doutes sur le danger d'avoir une armée aussi forte presque sur leurs derrières. Dans ce cas, du reste, l'armée française a tout le loisir de passer le Danube et de marcher sur Ratisbonne;

5° Il est bien plus probable qu'abandonnant des plans pour l'exécution desquels le temps manquera, la Prusse réunira le plus de troupes possible, huit corps, 205,000 baïonnettes au maximum, soit sur le haut Mein même, soit **der** rière le Thüringer Wald, dont les défilés seraient fortement occupés, laissant en outre, quatre corps en Saxe, à Dresde ;

En ce cas, rien n'entravera la réunion des alliés, dont les avant-postes se toucheront déjà en Egra et Weiden. Les alliés chercheront, en prenant simultanément l'offensive, à gagner l'aile gauche de l'ennemi ;

6° Si la Prusse, jetant le gant à l'Autriche, entrait après quatre semaines avec huit corps en Bohême, *l'armée autrichienne, dont un corps se formera dès les premiers jours du rappel à Pilsen*, tâcherait de gagner du temps, d'éviter toute bataille, et chercherait à s'approcher de l'armée française ;

7° Dans les deux cas prévus aux paragraphes 5 et 6, la Prusse cherchera à rassembler le plus de troupes possible à Thüringen ou en Saxe. Dès le 35ᵉ jour, elle ne pourra plus se tromper sur les intentions des alliés, et il est très problable qu'elle ne laissera tout au plus qu'un corps sur la rive gauche du Rhin.

Que faire de l'armée de la Sarre? Doit-elle effaroucher les esprits en Allemagne par des conquêtes là-bas qui ne décident de rien?

Deux ou trois divisions, peut-être moins encore, suffiraient pour couvrir la frontière contre les incursions des partis, le reste, six à sept divisions, serait à transporter en chemin de fer, à partir du 28ᵉ jour (si l'ennemi ne menace pas avec des forces supérieures) à Strasbourg, pour marcher de là de manière à former un grand échelon en arrière de l'aile gauche de la grande armée.

Ce mouvement couvrirait en même temps les derrières et empêcherait les forces que la Prusse aurait laissées au Bas-Mein ou derrière le Bas-Nerkar d'entreprendre quelque chose de sérieux. Du cinquantième au cinquante-cinquième jour, cette armée, renforcée par la division laissée devant Rastadt, se rallierait à Wurtzbourg, ou, si les positions et les mouvements de l'ennemi l'en empê-chaient, à Ansbach.

Il y aurait alors vingt-quatre divisions françaises, l'ar-mée italienne et vingt-quatre divisions autrichiennes (quatre couvrant la frontière austro-prussienne sur la frontière droite de l'Elbe) en tout 650,000 baïonnettes, coopérant sur une largeur de seize étapes, contre douze corps [1], ou 300,000 baïonnettes.

8° Les opérations *des alliés réunis* auraient à com-mencer le plus promptement possible, entre le cin-quantième et le cinquante-cinquième jour, on passerait les frontières de la Sarre et de la Thuringe ; dix jours plus tard, la jonction pourra être complète dans les plaines entre Weissenfelds, Altembourg et Leipzig.

La bataille décisive y pourra avoir lieu immédiatement.

9° *Bien qu'il faille tout faire pour abréger la guerre, autant que possible, il n'est pas permis d'y songer trop.*

Qui sait si même une première défaite aura brisé l'ar-mée prussienne et l'orgueil national à tel point que son gouvernement demandera de suite la paix ?

---

1. Un corps prussien contre le Schleswig, des portions de corps en Silésie, sur le Rhin et le Bas-Mein ; les Allemands du midi déjà détachés de l'alliance prussienne.

Qui sait s'il n'espère encore des secours de la Russie, ou si l'armée n'a pas pu se retirer à temps derrière l'Elbe, pour y renouveler une défense opiniâtre?

Il serait trop hasardé de compter sur la paix, après deux mois seulement de campagne ; il faut tenir compte des complications possibles, qui forceraient l'Autriche à se trouver subitement, avec une grande partie de ses forces, du côté de la Prusse avant la fin de la campagne.

C'est une raison de plus pour ne rien négliger pour être aussi fort et aussi vite que possible au centre de l'Allemagne et pour se préparer à marcher sans interruption jusqu'à Berlin et Stettin.

II

OBSERVATIONS SUR L'ÉTAT DE LA COMPOSITION POSSIBLE DES ARMÉES

Le 13 juin 1870. — Un étranger ne peut pas se permettre un jugement sur la force et la composition des garnisons nécessaires à l'Algérie, néanmoins la réunion de toutes les forces possibles, dans une guerre d'Europe, est tellement indispensable, qu'il sera permis de revenir sur ces chiffres.

I. — 18 bataillons doivent quitter l'Algérie : 9 de zouaves, 8 de turcos (un est déjà à Paris) et un bataillon de chasseurs. On veut les remplacer, à ce qu'il paraît, par

6 bataillons d'infanterie de ligne (8 régiments au lieu de 6). et par l'excédent du pied de paix au grand pied de guerre, dans ces 24 bataillons de ligne et dans les 3 dépôts de zouaves.

Si la possibilité existe, comme le gouvernement général de l'Algérie l'a affirmé, d'augmenter de beaucoup le nombre des turcos, pourquoi ne pas remplacer les 8 bataillons de cette arme (7,200 hommes) par 2 bataillons (5e et 6e) par régiment, soit 6 bataillons à 8 compagnies à 1,200 hommes, total égal à 7,200 hommes?

En augmentant en outre les dépôts de zouaves de quelques centaines d'hommes chacun, on obtiendrait 3 régiments de ligne de moins, c'est-à-dire 5 au lieu de 8. Un quatrième pourrait en outre être épargné en réduisant les garnisons au minimum possible et en faisant faire en partie le service des places des côtes par leur garde nationale.

II. — Ne comptant pas sur la garnison de Civita-Vecchia, qui peut-être pourrait être réduite de 7 à 4 bataillons (ces derniers sur le grand pied de guerre), ce qui permettait de laisser un régiment de ligne de plus en Algérie, on gagnerait une division de plus pour les armées actives, soit :

5 régiments de ligne et 1 régiment étranger en Algérie.
1 régiment   —   —   en Italie.

Pour l'armée active :

94 régiments de ligne et 19 bataillons de chasseurs.
6 régiments de zouaves et de turcos.

100 régiments formant 25 divisions dont 19 à 13 bataillons et 6 à 12 bataillons.

soit :

319 bataillons de ligne, 24 bataillons de la Garde impériale.

343 bataillons au lieu de 338 bataillons dont 6 en Italie et 13 à
disposition,

c'est-à-dire 319 bataillons dans les armées actives ; augmentation de 24 bataillons ou 21,600 baïonnettes.

III. — Ne pourrait-on pas de même laisser en Algérie les 5ᵉ et 6ᵉ escadrons des 4 régiments de chasseurs d'Afrique et des 3 régiments français. — Soit : 14 escadrons outre les 18 escadrons de spahis?

Si les chevaux de ces 7 régiments de cavalerie (chasseurs d'Afrique et régiments français) sont augmentés à temps et que les 5ᵉ et 6ᵉ escadrons soient portés jusqu'à 200 chevaux par escadrons, il n'y aurait pas de diminution de cavalerie en Algérie.

IV. — Cette augmentation des turcos et des chevaux de cavalerie en Algérie pourrait s'effectuer successivement et sans bruit durant l'hiver précédant la guerre.

V. — En ayant deux divisions d'infanterie et 3 régiments de cavalerie de plus on pourrait :

(a) Former les quatre premiers corps d'armée à égale force :

4 div. d'inf. à 13 ou 12 bat. 16 div. ou 202 bat.
Garde impériale . . . .   2 div. ou   24 bat.

18 div. ou 226 bat. ou 203,400 b^ettes.

(b) La deuxième armée resterait à trois corps à trois divisions chacune de :

13 batail., soit 9 divis. = 117 bataillons soit 105,300 baïonnettes.

VI. — En augmentant de 3 (de 57 à 60) le nombre des régiments de cavalerie à l'armée et en ne détachant que le 5e escadron pour escorte, etc., etc. (en défalquant les 7 restant en Algérie, il en reste 23 à disposer, y compris ceux de la Garde), on aura 42 régiments pour la 1re armée, 18 régiments pour la 2e armée.

Première armée.

```
7 corps par armée ....................   28 régiments.
6   —    de la Garde...................    6     —
8   —    de réserve de cavalerie..........    8     —
                                          ___________
                                          42 régiments.
```

Deuxième armée.

```
4 corps par armée.....................   12 régiments.
6   —    de réserve de cavalerie..........    6     —
                                          ___________
                                          18 régiments.
```

VII. — Répartition de l'artillerie.

Première armée.

```
3 batteries par division d'infanterie.  12 batteries.
1 batterie avec la cavalerie........ ...   1     —
8 batteries à la réserve du corps ...      8     —
                                        ___________
                          21 × 4 = 84 batteries.
Cavalerie de réserve ..............    4 bat. ⎫
Réserve d'armée...................    12  —   ⎬  28    —
Garde impériale..................    12  —   ⎭
                                        ___________
                          112 batteries.
```

Deuxième armée.

3 batteries par division d'infanterie. ⎱ 13 × 3 = 39 batteries.
4 bataillons réserve du corps...... ⎰
Cavalerie de réserve .... 4 ⎱ 13   —
Réserve d'armée.... .... 9 ⎰
____
52 batteries.

VIII. Récapitulation.

	BATAILLONS	ESCADRONS	BATTERIES	BAÏONNETTES	SABRES	PIÈCES
1re armée — 4 corps d'armée à.......	51	28	21	45.900	4.200	126
et	50	»	»	45,000	»	»
Soit...............	202	112	84	181.800	16.800	504
4 corps de cavalerie.....	»	32	4	»	4.800	24
Réserve d'artillerie	»	»	12	»	»	72
Garde impériale........	24	24	12	21,600	3,600	72
Total...............	226	168	112	203,400	26,200	672
2e armée	39	16	13	35.100	2.400	78
3 corps d'armée à.......	117	48	39	105.300	7.200	234
Cavalerie de réserve	»	24	4	»	3.600	24
Réserve d'artillerie.......	»	»	9	»	»	54
Total..............	117	72	52	105.300	10.800	312
Total général.......	343	240	164	308.700	36,000	984

Le 11 juin 1870. — Pour être sûr de la réussite, il faut localiser la guerre, empêcher la Russie *d'y prendre part.* Cette dernière ne terminera son grand réseau de voies ferrées qu'en 1872 ; maintenant elle a d'immenses difficultés à rassembler son armée mobilisée sur ses frontières, difficultés qui, en partie, deviennent insurmontables quand le dégel a mis fin au traînage, que les immenses boues ne sont pas encore séchées et les fleuves et canaux pas encore livrés à la navigation, c'est-à-dire du commencement d'avril jusqu'à la mi-mai.

Le carême russe ne se termine qu'à la fin d'avril; tenu strictement par le peuple russe, celui-ci et par suite tous les semestriers se trouvent immédiatement après très affaiblis, et sans forces à soutenir de grandes fatigues.

Il en résulte que difficilement avant le mois de juin, une forte armée russe puisse se concentrer en Pologne, ou que sa flotte apparaisse dans la Baltique danoise.

Si les coups décisifs des alliés sont portés au mois de mai, au plus tard, et si la Prusse est réduite à demander la paix, l'intervention armée de la Russie serait évitée. Plus on avance en été, plus le danger de cette intervention augmente; en juillet, toute l'armée russe est concentrée dans ses camps d'instruction, et elle supporterait, mieux que toute autre, une campagne d'automne ou d'hiver.

La Prusse, au lieu de rappeler ses conscrits en octobre, ne le fait, par économie, qu'en janvier. Ce contingent n'a donc pas encore terminé son instruction en mars, surtout dans les provinces du nord. La mobilisation de son armée, au commencement de mars, lui serait très défavorable.

En 1866, bien que se préparant de longue main à la guerre, elle n'a rappelé les réserves que dans les premiers jours de mai, elle n'avait terminé ses préparatifs de guerre qu'à la mi-juin.

Un autre moment défavorable à mobiliser pour la Prusse, serait le mois de juillet, à cause des récoltes ; mais ce désagrément est contrebalancé par la plus grande instruction donnée à toute l'armée. Une campagne d'automne serait plus avantageuse pour cette puissance, ses soldats soutenant admirablement les rigueurs du climat.

L'Autriche et l'Italie, qui appellent leurs conscrits sous les armes en octobre, n'auraient aucun inconvénient à entrer en campagne au printemps, si ce n'est l'état moindre des chevaux à acheter ; mais une campagne prolongée jusqu'en hiver remplirait les hôpitaux de leurs malades, jusqu'à réduire l'armée en état de ne pouvoir livrer bataille.

La France gagnerait un contingent de 90,000 hommes, à partir du 1ᵉʳ juillet ; mais pour pouvoir en profiter de suite, il faudrait rappeler la réserve en août, ce qui retarderait la réunion des alliés jusqu'à la fin de septembre, et pourrait faire traîner la campagne jusqu'au cœur de l'hiver, ce qu'il faut éviter en tout cas. Outre les rigueurs excessives du climat et le manque d'une population dense, dans le Brandebourg et la Poméranie, il faut redouter les journées courtes et les nuits très longues qui retardent les marches et facilitent les surprises à subir dans un pays ennemi et peut-être insurgé.

Que pourrait effectuer d'ailleurs la flotte française en automne ?

A la fin d'octobre, elle quitterait le Baltique à cause des glaces et serait réduite au blocus des ports de la Nordsée.

Partant du principe qu'il faut éviter, pour les raisons

susmentionnées, et qui touchent tout aussi bien l'Autriche et l'Italie, une campagne d'automne ou d'hiver, il ne reste plus qu'à fixer le moment le plus favorable, militairement parlant, pour commencer, c'est-à-dire pour appeler les réserves sous les drapeaux.

Ce serait pendant la première moitié de mars, à une époque où en France les transports de grandes masses ne seraient plus entravés par la neige et le froid. Le Rhin serait franchi vers la fin de ce mois, c'est-à-dire après la fonte des neiges et le dégel des fleuves. La réunion des alliés et le commencement de leurs opérations réunies, s'effectueraient vers la fin d'avril, et la première bataille décisive pourrait avoir lieu avant la mi-mai, donc bien avant que la Russie fût en état d'intervenir matériellement. Une prolongation même de la campagne permettrait de tirer tout le parti possible de la belle saison, de faire des marches plus rapides pendant les longues journées de juin, de gagner par suite en vitesse et en vigueur dans les mouvements.

Le 16 juin 1870. — On est convenu que les trois plans de campagne suivants seront étudiés par l'état-major à Paris, savoir :

Premier projet. — Celui que le général L. a apporté de Paris.

Réunion de 350,000 hommes (234,000 baïonnettes) sur la Sarre, pour faire une pointe sur Mayence, s'emparer de la rive gauche du Rhin; enfin passer ce fleuve entre Mayence et Genershein, avec la majeure partie de cette armée, pour chercher à donner la main aux deux autres armées alliées en Bavière.

Réunion d'une armée intermédiaire formée de l'armée italienne, de 100,000 Français (soit 66,000 baïonnettes) et de 100,000 Autrichiens venant de la haute Autriche. Ces trois contingents opéreraient leur jonction à Memmingen, et se porteraient de là sur le Danube et le Mein (Würtzbourg). Tout le reste de l'armée autrichienne rassemblé à Olmütz et en Bohême, destiné à marcher avec la majeure partie de ses forces en Bavière, à la rencontre des armées alliées.

Deuxième projet. — Concerté ces derniers jours à Vienne.

L'armée française, profitant de la rapidité de sa mobilisation (quinze jours), après avoir trompé l'ennemi sur le véritable point d'attaque, le repousserait de la Sarre avec un tiers, passerait avec les deux autres tiers le Rhin (le 16° jour après celui du rappel), pour atteindre au plus vite Stuttgard et de là Nuremberg (à peine six semaines après le rappel des hommes de la réserve).

En cas de grandes forces derrière le Neckar, ou aux environs de Nuremberg, elle s'effacerait à droite et passerait le Danube, dans le premier cas en amont, dans le deuxième en aval d'Ulm et marcherait sur Ratisbonne.

L'armée autrichienne se concentrerait en Bohême, un corps d'armée au moins tout d'abord à Pilsen; un autre entre Olmütz et la Bohême, et y compléterait sa mobilisation, qui ne pourra être terminée avant six semaines à partir du rappel des hommes.

L'armée italienne, se concentrant à Vérone et à Udine, y attendra le moment où l'attitude de l'Autriche lui permettra de traverser ses provinces en chemin de fer pour atteindre Ratisbonne au plus vite.

Du moment que les avant-postes français et autrichiens se seront donné la main, soit entre Egra et Werden, soit entre Ratisbonne et Schwandorf (pour le cas où l'armée française aurait dû marcher sur Ratisbonne), les opérations réunies des deux grandes armées commenceront dans la direction des plaines de la Saxe, les deux armées s'entr'aidant pour se faciliter le passage de la Bavière et de la Bohême en Saxe.

Si les Prussiens tombaient en Bohême avant que ces opérations réunies n'eussent commencé, l'armée autrichienne, évitant toute bataille décisive, chercherait à ne pas perdre le contact et la facilité de se réunir avec la grande armée française.

Troisième projet. — L'armée autrichienne se réunirait en Bohême et en Moravie pour commencer isolément ses opérations vers Berlin (six semaines après le rappel des hommes). L'armée française tomberait trois semaines plus tôt en Palatinat, tandis qu'une armée secondaire descendrait la vallée de la Moselle. Arrivée avec l'armée principale à Mayence, on chercherait à passer le Rhin à Manheim, après y être relevé par un corps de l'armée secondaire.

On s'avancerait, à partir de la septième semaine après
le rappel, dans l'Allemagne du midi pour y donner la
main à l'armée italienne et pénétrer dans la Hesse électo-
rale ou dans la Thuringe, et de là vers l'Elbe en amont de
Magdebourg.|

L'armée italienne, se concentrant d'abord sur l'Inn,
aurait à combattre les Bavarois et à chercher à gagner
Ratisbonne.

Il est bien entendu, qu'entre ces trois projets, l'Autriche ne donnerait son consentement qu'au deuxième.

C'est le seul qui utilise suffisamment les quatre semaines qui restent entre la mobilisation terminée de l'armée française et celle des Autrichiens, et qui permette
d'opérer réunis dès ce moment.

Le premier projet pourrait tenter par sa simplicité, par
l'audace et par l'égalité apparente des conditions imposées
à chacun des alliés. Mais il exige, en outre, l'impossible
de l'Autriche, c'est de dégarnir ses provinces et sa capitale
pour faire une marche de flanc à gauche, tandis que l'objectif de toutes les opérations, Berlin, se trouve droit
devant elle.

La marche de flanc de l'armée française, remontant le
Mein, présenterait des dangers sérieux dans un moment
(sixième à septième semaine depuis l'ordre de mobilisation) où la concentration des armées prussiennes serait
déjà terminée.

Ce serait une perte de temps irréparable et injustifiable.
L'armée du centre, formée de trois contingents égaux,

serait un e xpédient dangereux qui certainement réussirait bien mal, et ferait naître tout d'abord la discorde et la jalousie entre les trois armées. Le commandement en serait d'ailleurs impossible pour un général de quelque nation qu'il fût.

Agissant d'après le troisième projet, il faudrait abandonner tout espoir de réunir les deux grandes armées alliées pour une bataille décisive, et par suite d'assurer d'avance la victoire et une campagne glorieuse de courte durée.

Que aire si l'armée italienne, battue en Bavière, était forcée de se retirer derrière l'Inn et même au delà?

Que dirait-on du reste en France, si l'armée française, trouvant devant elle le gros des Prussiens, ne pouvait s'avancer que lentement après le passage du Rhin, ou même si elle était forcée de le repasser, tandis que les Autrichiens auraient peut-être la chance de battre l'armée secondaire prussienne et d'entrer seuls à Berlin?

CHAPITRE XI

Déclaration de guerre. — Organisation de trois armées.
Changement apporté à cette organisation.

On était loin, en France, de s'attendre à une guerre
prochaine, au moment où je fus envoyé à Vienne, dans le
courant du mois de mai 1870 ; mais dans les premiers de
juillet, la dénonciation de la candidature du prince de
Hohenzollern au trône d'Espagne, faite tout à coup, au
sein du Corps législatif, y souleva un mouvement d'irri-
tation qui bientôt se communiqua au pays tout entier. Il
était dès lors évident qu'un conflit sérieux pouvait éclater,
à cette occasion, entre les deux gouvernements de Paris
et de Berlin, et peut-être la guerre.

De l'un comme de l'autre côté du Rhin, on devait,
sans perdre du temps, et quoi qu'il pût advenir, se préparer pour les éventualités les plus extrêmes. Le 6 juillet,
le maréchal Lebœuf prenait, à cet effet, ses premières

dispositions. Ce jour-là, il me fit venir dans son cabinet et me fit part, en quelques mots, de la situation. Il me demanda si je consentirais, le cas échéant, à quitter le commandement de ma division pour prendre, à l'armée, suivant le désir de l'Empereur et le sien, les fonctions d'aide-major général, ajoutant que l'Empereur l'avait désigné, lui-même, pour celles de major général, et que le général Jarras, directeur du dépôt de la guerre, serait, avec moi, nommé aide-major général. « Au sujet de ces désignations, dit le maréchal, ce n'est pas moi, mais bien mon prédécesseur, le maréchal Niel, qui en a eu l'initiative, dans un travail fait par lui depuis longtemps. J'entends respecter religieusement toutes les dispositions qu'il renferme. » Je répondis que ce ne serait pas sans un très vif regret, que je quitterais la division que je commandais depuis deux ans ; mais que devant le désir de l'Empereur qui, pour moi, équivalait à un ordre, je ne pouvais que me mettre entièrement à sa disposition. A partir du lendemain, et bien que je continuasse à commander la division qui était sous mes ordres à Paris, je devins l'un des collaborateurs assidus du Ministre de la guerre.

Du 7 au 24, jour où le maréchal Lebœuf partit de Paris pour se rendre à Metz, où devait être établi le grand quartier général, je vis le maréchal déployer une activité infatigable, mettant utilement à profit l'ardeur de tous ceux qui travaillaient autour de lui. Tous ceux qui, comme moi, l'ont vu à l'œuvre à cette époque, lui rendront cette justice qu'il montra une extrême puissance de travail, une initiative décidée et intelligente. Sans doute, tout ce qu'il fit alors, et il fit beaucoup, ne suffit point encore; sans doute, on pourra toujours dire que, responsable devant l'Empereur et devant le pays, comme Ministre de la guerre, il n'avait pas su tout prévoir avant le jour où fut prononcé le redoutable *alea jacta est* de la guerre. Mais il faut avouer que le maréchal avait reçu de ses prédécesseurs, en tout ce qui concernait l'organisation et la mobilisation de nos forces, un héritage par trop compromettant.

Le grand malheur du maréchal, quand il devint Ministre de la guerre, sa grande erreur, pour mieux dire, ce fut d'avoir recueilli cet héritage tel quel, tandis qu'il n'aurait dû l'accepter que sous bénéfice d'inventaire. Au lieu de contrôler les mesures arrêtées par le maréchal Niel, il ne cessa jamais d'affirmer, pendant les onze mois que dura son ministère, que jamais il ne modifierait en rien ce que son prédécesseur avait décidé, pour la préparation à la guerre.

A partir du 19, jour de la déclaration de guerre, les événements se précipitèrent les uns sur les autres pour démontrer, à quel point, cette préparation avait été faite d'une façon incomplète et vicieuse.

Avant d'aller plus loin, que le lecteur me permette de dire quelques mots à propos de la déclaration de guerre elle-même.

Dans la presse française, aussi bien que dans la presse étrangère, des publicistes ont écrit que si le gouvernement de la France avait déclaré la guerre à la Prusse en 1870, c'était uniquement parce que l'Empereur Napoléon III l'avait voulue, convaincu qu'une guerre, et une guerre heureuse, pouvait seule asseoir solidement sa dynastie. Des historiens impartiaux se demanderont, sans doute, un jour, de quelle utilité pouvait être au souverain de la France la plus heureuse des guerres, au lendemain d'un plébiscite où près de 7,000,000 de suffrages avaient donné leur adhésion au principe de gouvernement qu'il représentait. Ils feront justice d'une imputation calomnieuse déversée sur la mémoire de l'Empereur. Non, Napoléon III pouvait s'être persuadé que de la situation politique nouvelle imposée à l'Europe, une guerre surgirait, tôt ou tard, entre la Prusse et la France ; mais il était loin de désirer cette guerre. A diverses époques, en 1868, en 1869 et en 1870, il m'avait déclaré qu'il n'ignorait pas combien la fortune est capricieuse à la guerre, et combien aussi une guerre avec l'Allemagne, qui pouvait être longue et difficile, imposerait de sacrifices au pays en hommes et en argent. D'autres que moi feront, je me plais à l'espérer, la lumière sur l'œuvre ténébreuse de la diplomatie qui se poursuivit, à Berlin et à Paris, dans les quelques journées qui précédèrent la déclaration de guerre et jusqu'au moment où le grand chancelier de l'Allemagne du Nord fit afficher le refus du roi sur tous les murs de la Prusse.

C'est après cette injure, que l'Empereur accepta, bien plus qu'il ne déclara la guerre. Bien plus encore que l'injure, ce fut la volonté du Corps législatif, qui le décida à prendre cette grave détermination. Qui ne se rappelle, en effet, ce qui se passa, au sein de cette Assemblée, dans les séances qui précédèrent la décision de l'Empereur ? N'est-il pas vrai qu'un grand nombre de députés exhalaient leurs colères contre le souverain, parce qu'à leur avis il temporisait trop, qu'ils l'accusaient de couardise, allant même jusqu'à parler de sa déchéance, parce qu'il ne déclarait pas la guerre aussi vite qu'ils le voulaient.

Ainsi que je l'ai dit déjà, ce fut à partir du 7 juillet que le maréchal Lebœuf prit ses premières dispositions, en vue d'une guerre qui, dès ce jour, était sérieusement à craindre, bien qu'on pût espérer encore qu'elle pourrait être conjurée. Il ne changea rien aux dispositions prises par le maréchal Niel, même en ce qui concernait la composition de nos armées et leur concentration à la frontière. Dans l'établissement du plan du maréchal Niel, il n'avait été donné aux armées, d'autre organisation que celle que l'Empereur lui avait indiquée, dans le travail remis en 1868. Toutes les forces actives dont la France pouvait disposer, devaient être employées à constituer trois armées distinctes; chacune d'elles placée sous le commandement d'un maréchal de France.

Le maréchal Lebœuf arrêta, du 7 au 11 juillet, l'organisation de ces trois armées, et il soumit à l'approbation de l'Empereur la désignation des maréchaux qui étaient appelés à les commander. Une des armées devait se concentrer en Alsace, sous le maréchal de Mac-Mahon; une autre en Lorraine, sous le maréchal Bazaine; la troisième dite armée de réserve, devait être réunie au camp de Chalons, sous le maréchal Canrobert. Il avait été entendu que l'Empereur, placé au-dessus des trois commandants d'armée, et n'ayant auprès de lui que le major

général et les aides-majors généraux et les officiers de sa
maison militaire, présiderait à la direction générale des
opérations; mais qu'il ne commanderait directement
aucune des trois armées.

Le 11, la composition de ces armées, ainsi que la formation de leurs états-majors, était achevées, quand tout à
coup le maréchal Lebœuf, à la suite d'un entretien qu'il
venait d'avoir avec l'Empereur, à Saint-Cloud, m'apprit,
en rentrant au ministère, à ma grande surprise, que l'organisation de nos armées devait être profondément mo-
difiée.

. « Ce n'est plus trois armées que nous avons à former,
me dit le Ministre ; mais bien une seule qui sera commandée par l'Empereur en personne. » C'était la mise à
néant de ce que l'Empereur lui-même avait décidé en 1868.
Je ne dissimulai pas au Ministre l'étonnement et le regret
que j'en éprouvais. — « Ne vous en alarmez pas, reprit le
maréchal. Il est bien naturel qu'après avoir commandé
personnellement l'armée d'Italie en 1859, il désire commander de même l'armée que nous organisons en ce
moment. Au surplus, il n'y a pas lieu de se préoccuper de
la décision qu'il vient de prendre, parce que l'intention
de l'Empereur est de ne conserver le commandement que
pendant un temps très limité, après lequel nous referons
les trois armées comme il l'a indiqué, dans son travail
de 1868. »

J'objectai que je m'expliquais difficilement qu'on pût
songer à modifier ainsi notre première organisation, en
pleine campagne. Mais la décision était prise irrévoca-

blement ; il n'y avait qu'à s'incliner ; quand en quittant le
maréchal, j'allai donner au général Jarras, mon collègue,
connaissance des changements qu'il fallait apporter dans
les mesures précédemment prises, il le déplora, comme je
le déplorais moi-même.

En voulant prendre personnellement le commandement
d'une seule armée, est-il bien certain que l'Empereur ait
obéi uniquement à un sentiment d'amour-propre, ainsi
que le maréchal Lebœuf me le donna à entendre? Je ne le
pense pas. Sans aucun doute, le souvenir de la gloire
qu'il s'était acquise en 1859, à titre de général en chef
de notre armée, n'a pas été étranger à la détermination
du 11 juillet. Mais un autre motif lui inspira, j'en ai la
conviction, cette grave détermination.

Dans les entrevues qu'il avait eues avec l'archiduc
Albert, l'Empereur avait soumis à l'approbation du Prince,
le travail qu'il avait fait en 1868, sur l'armée française. A
la suite de ces entrevues, l'Empereur me fit connaître que
le Prince, après avoir examiné son travail, lui avait
représenté, qu'à son avis, nos corps d'armée, au lieu de
deux divisions d'infanterie, comme il les avait composés,
devraient en comprendre trois ou quatre, parce que le
personnel de notre corps d'état-major était insuffisant
pour former les états-majors de nos corps d'armée à deux
divisions ; que trois grands quartiers généraux d'armée
augmentaient trop les états-majors et les non-valeurs ;
qu'au contraire, une seule armée composée de corps d'armée à trois ou quatre divisions, permettrait d'apporter
une économie sensible dans le personnel d'état-major

nécessaire aux grandes fractions constituées de cette armée.

L'Empereur, qui professait la plus grande estime pour les talents militaires de l'archiduc Albert, n'avait, sans doute, pas oublié les observations que ce Prince lui avait faites quelques mois auparavant. J'ai toujours pensé qu'elles lui avaient inspiré, plus que tout autre motif, la décision du 11 juillet.

Après un remaniement complet du travail, auquel on s'était livré pour former trois armées, l'armée unique, que devait commander l'Empereur, fut organisée et son futur général en chef lui donna le nom d'*Armée du Rhin* [1].

[1]. Le lendemain du jour où sous les ordres de l'Empereur, le Ministre avait désigné tous les généraux qui devaient être pourvus des commandements importants dans l'armée du Rhin, je vis entrer dans le salon attenant au cabinet du Ministre, le général Trochu qui demandait à entretenir le maréchal. Pendant qu'il attendait que ce dernier pût le recevoir, je pus échanger quelques paroles avec le général : il se montrait très ému de n'avoir pas de commandement. La déclaration de guerre surtout le désespérait, me dit-il, parce qu'elle ne pouvait être suivie que des plus épouvantables catastrophes. Notre armée n'était pas de force pour soutenir une guerre contre la Prusse.

« Le Ministre va vous apprendre, lui objectai-je, que si vous n'êtes pas désigné pour un commandement à l'armée du Rhin, ce n'est pas qu'on se méprenne sur les grands services que vous y rendriez ; c'est plutôt parce que vous appréciant, à votre juste valeur, on vous réserve pour un commandement plus important. Quant aux alarmes que vous manifestez à propos de la déclaration de guerre, peut-être vous rassureriez-vous bien vite, si vous saviez, comme moi, que dans cette guerre, la France ne sera pas seule, mais qu'elle aura, avec elle, de puissants alliés. »

Si je tenais ce langage au général, c'est que je savais qu'il était désigné pour commander en chef à Toulouse, toutes les forces

nationales qui resteraient dans le midi de la France ; c'est que depuis
ma mission à Vienne, et surtout après la déclaration de guerre,
jamais il ne m'avait pu venir à la pensée, que l'Empereur n'eût pas
achevé, par voie diplomatique, l'œuvre que j'avais commencée avec
le Prince Albert, qu'il n'eût pas fait consacrer solennellement par
un traité obligatoire pour la France, comme pour l'Autriche et
l'Italie, l'alliance offensive et défensive des trois puissances.

J'étais d'autant mieux fondé à me persuader que ce traité existait
que l'Empereur avait déjà arrêté sur quels points de la frontière
devaient être concentrés les huit corps de l'armée du Rhin ; et dans
le choix de ces points il n'avait fait autre chose que se conformer
aux indications données dans le plan de campagne que l'archiduc
Albert avait rédigé. D'où j'avais conclu que ce plan tout entier allait
être mis à exécution. Ma conviction à cet égard, était d'autant plus
grande, qu'il m'eût été impossible de m'expliquer une dissémination
si grande de nos forces, au début de la guerre, dissémination qui
ne pouvait trouver son explication que dans une seule hypothèse :
celle qui admettait que pour cette guerre, l'armée autrichienne
devait opérer avec nous. Pour s'en convaincre il suffit de se reporter
au plan de campagne qui avait été écrit par l'archiduc Albert.

CHAPITRE XII

Quelques considérations sur la guerre moderne.

Avant de passer au récit des événements de guerre, je vais mettre, sous les yeux du lecteur, quelques considérations relatives à la guerre moderne. Mieux peut-être que tous les commentaires dont mon récit pourrait être accompagné, ces considérations lui donneront l'explication de nos défaites en 1870.

Dans les guerres qui, au commencement de ce siècle, jetèrent un si vif éclat sur les armes de la France, le secret de la victoire se trouve bien plus dans le génie du grand capitaine qui conduisait nos armées, que dans le nombre et la valeur de nos soldats. C'est là une vérité que nous n'aurions jamais dû oublier, et dont pourtant on se montra bien peu pénétré dans l'armée française, principalement depuis les succès obtenus dans la première période du second Empire. Ces succès disposèrent nos officiers à se persuader qu'avec leurs vieux soldats de Crimée et d'Italie, ils seraient toujours victorieux, ne dussent-ils point avoir pour les commander, pas plus qu'ils ne l'avaient en 1854 et 1859, un génie tel que Napoléon Ier. Aussi l'armée française avait-elle, depuis longtemps, négligé la science. Elle s'était endormie, fière d'elle-même, sur son lit de lauriers, quand tout à coup, réveillée en sursaut, il lui a fallu combattre un ennemi puissant, sans qu'elle se fût préparée à la guerre ; alors elle a succombé sous la science que cet ennemi avait sagement substituée au génie du grand capitaine.

Science de la guerre ou génie de la guerre, j'ai lu quelque part, sous ce titre, dans un écrit publié, sans nom d'auteur, des réflexions qui rendent trop exactement ma pensée, pour que je puisse résister au désir de les reproduire ici. Je les livre aux méditations de mes jeunes camarades de l'armée. .

. « L'homme de génie, dans la guerre ancienne, a toujours été celui qui, saisissant les expédients au vol, remportait des succès surprenants, que les moyens employés fussent, d'ailleurs, en réalité bons ou discutables. Sous la pression des événements, les résolutions devaient être prises, et il fallait que l'ensemble des choses fût saisi, en un instant ; le penseur lent et méthodique ne pouvait alors que se montrer inférieur ; et c'est pourquoi on a appelé *Coup d'œil du grand capitaine*, la faculté de se rendre compte, par intuition, c'est-à-dire par une opération de l'esprit si rapide qu'on ne peut en suivre les phases successives. » C'est cet homme de génie sur lequel on a toujours compté dans l'armée française.

« Mais les Prussiens, ce peuple froid et réfléchi, dont l'esprit est si propre au raisonnement méthodique, mais rarement capable de prendre cet essor qu'annonce le génie, ont très nettement jugé de leurs aptitudes spéciales, et ils se sont engagés dans un autre ordre d'idées. Ils ont reconnu que ce n'est pas sur le génie ou la supériorité de certains hommes que doit reposer l'existence d'une nation, d'autant que ces hommes sont rares. A peine si l'on en a vu apparaître quelques-uns en vingt siècles : Alexandre, César, Frédéric, Napoléon..... D'un autre côté, les Prussiens ont compris que le développement des armées modernes devant devenir énorme, le génie lui-même ne pourrait plus faire ce qu'il faisait autrefois, sans une bonne organisation. Aussi, pendant plus de cinquante ans, ont-ils consacré tous leurs efforts à atteindre ce double but : augmenter leurs moyens de guerre et les rendre plus maniables. Mille difficultés que l'on regarde comme insurmontables, quand les circonstances sont pressantes, ont alors été aplanies par eux, pendant les années de paix ; et ils ont si bien conduit leur œuvre, que, maintenant, dès le début d'une guerre, le commandant en chef a, dans les mains une armée parfaite, sans être exposé à perdre, dans un travail d'organisation compliquée, une partie des forces intellectuelles dont il a besoin pour bien exercer le commandement.

« En s'assurant la supériorité du nombre et des armes ; en se donnant le moyen de surprendre, à coup sûr, leur adversaire ; en introduisant partout cette judicieuse division des attributions qui fait éviter toute confusion, ils ont montré le génie particulier de leur nation, et ils en ont fait le génie de la guerre moderne.

« Ils ont découvert mathématiquement ce que jadis un esprit rare et illuminé pouvait seul trouver. Ils ont transformé le génie en science de guerre, et remplacé le grand capitaine par des généraux habiles. M. de Moltke, lui-même, n'est qu'un de ces généraux. Personne, jusqu'ici, ne lui a découvert au front l'étoile du génie. La gloire n'en est pas moins grande, parce que c'est à sa logique inflexible et à sa science méthodique, que les Prussiens ont, dans ces dernières années, mis des chefs, même médiocres, en situation de s'assurer la victoire. Il faut le reconnaître, enfin, désormais à la guerre, la science triomphera presque toujours ; — et *rarement* le génie. »

Ces dernières lignes ne sont, en effet, que l'expression saisissante de la vérité. C'est en appliquant rigoureusement les préceptes qu'elles renferment, que les Prussiens devaient nous vaincre en 1870. Avec cette immense machine que l'on appelle une armée, machine qu'ils ont organisée comme un mécanisme de précision qui ne se dérange jamais, ils ont obtenu ce double résultat : d'avoir, au moment d'une déclaration de guerre leurs forces plus vite prêtes que les nôtres et d'avoir ensuite et toujours la supériorité du nombre, et même celle des engins de guerre, sur le champ de bataille. Comme nous n'avions point, à notre disposition, le grand capitaine, le génie qui aurait pu compenser cet avantage, nous étions presque

infailliblement voués à la défaite, avant même d'avoir
combattu. On verra, dans les pages qui vont suivre, la
démonstration de cette vérité lamentable.

Comment les généraux prussiens s'étaient-ils donné la
certitude, avant 1870, qu'au moment d'une déclaration de
guerre, leurs forces seraient plus tôt prêtes que les nôtres,
pour les premières opérations de la campagne, d'où dé-
pend, à un si haut degré, le succès final, j'essaierai de le
dire pour ceux qui peuvent l'ignorer encore. Ces travaux
de science militaire, ce sont ceux qui ont été poursuivis
pendant de longues années, sous la direction du général
de Moltke, avec une constance infatigable par les officiers
d'état-major prussien pour doter leur armée d'un mode de
mobilisation qui n'existait chez aucune autre armée en
Europe.

CHAPITRE XIII

**Mécomptes au sujet de la mobilisation de l'armée.
L'Empereur arrive à Metz.**

Le maréchal Lebœuf quitta Paris le 24 juillet pour se rendre à Metz, où depuis plusieurs jours déjà se trouvait réuni le personnel du grand quartier général de l'armée du Rhin. Le général Jarras et moi l'y accompagnâmes. Bien qu'il eût été décidé, par l'Empereur, que le maréchal ne cesserait pas d'être Ministre de la guerre, malgré sa présence à l'armée, le général Dejean, directeur du service du génie, avait été designé pour remplir les fonctions de Ministre à Paris. L'Empereur devait, quelques jours plus tard, aller prendre à Metz le commandement en chef qu'il s'était attribué.

Dès son arrivée au grand quartier général, le maréchal Lebœuf constata, à sa grande stupéfaction, que la mobilisation des forces actives, qui devaient être concentrées sous

Metz, sur les Vosges et dans la Haute-Alsace, ne s'était pas opérée, il s'en fallait de beaucoup, avec la rapidité sur laquelle il avait compté. On était au 25 juillet ; dix jours s'étaient écoulés depuis que la mobilisation avait été commencée, et les réservistes, appelés à grossir les effectifs des portions actives des corps de troupes qui étaient déjà à la frontière, se faisaient attendre, ne rejoignant qu'avec une lenteur désespérante. L'armée du Rhin n'aurait-elle donc point, après quinze jours de mobilisation, cet effectif de 400,000 combattants qu'on avait considéré comme assuré ? Il y avait bien lieu de le craindre.

D'un autre côté, à cette même date du 25 juillet, mon aide de camp, le commandant Laveuve, recevait du colonel de Bouillé, notre attaché militaire à Vienne, une lettre dans laquelle il lui était affirmé que, jusque-là, rien n'indiquait que l'armée austro-hongroise dût être mobilisée. La non-mobilisation de cette armée, c'était pour moi le renversement de mes espérances les mieux fondées.

En présence d'une situation qui devenait de plus en plus embarrassante, le maréchal Lebœuf me fit partir de Metz, dans la soirée, avec mission d'aller réclamer près du Ministre de la guerre, toutes les mesures qui seraient de nature à activer le plus possible les opérations de la mobilisation. J'arrivai à Saint-Cloud le 26, à midi, sachant que j'y trouverais non seulement le Ministre Dejean, mais aussi l'Empereur et tous les membres du Cabinet. Le premier des ministres que je rencontrai, à mon entrée au palais, ce fut le duc de Grammont, notre ex-ambassadeur à Vienne, et qui, en ce moment, était le Ministre des affaires étrangères. En quelques mots, je lui fis part des appréhensions que me faisait concevoir la lettre venant de Vienne.

— Qui est-ce qui a écrit cette lettre? me dit le Ministre.

— C'est le colonel de Bouillé, notre attaché militaire à Vienne, répondis-je.

— Est-ce donc que le colonel de Bouillé sait tout ce qui se passe à Vienne, reprit le duc.

— Allez, allez, ajouta-t-il en me frappant légèrement sur l'épaule, *et soyez confiant.*

Qu'on veuille bien remarquer que ce n'est pas le sens des paroles de M. le duc de Grammont que je rappelle ici, ce sont ses paroles textuelles que je cite, sans en changer une seule.

L'entrevue que j'eus avec le général Dejean n'eut à peu près d'autre résultat que de me démontrer dans quel désarroi se trouvait l'administration de la guerre en présence des difficultés que la mobilisation de l'armée rencontrait sur tout le territoire de la France. Pour diverses raisons, que je ferai connaître plus loin, sa volonté de mettre à exécution soit les ordres du maréchal Niel, soit ceux de son successeur, allait se briser partout en province devant des obstacles inattendus et insurmontables.

Quand je revins à Metz, le 27, ce fut pour déclarer au major général que le Ministre Dejean employait tous ses efforts pour répondre de son mieux à la confiance qu'il avait mise en lui; mais que tout son zèle et son intelligence ne suffiraient pas pour qu'il pût faire l'impossible. C'était l'exacte vérité.

L'Empereur quitta Saint-Cloud le 28 et arriva à Metz le même jour dans l'après-midi. Tous ceux qui, ce jour-là, l'accompagnèrent dans son voyage, ne peuvent avoir oublié combien il se montrait préoccupé de l'issue d'une guerre qui allait demander tant d'efforts et de sacrifices, combien il était affligé de ces démonstrations prétendues patriotiques, dont le vin et le chant de la *Marseillaise* faisaient tous les frais ; de ces cris répétés de : *A Berlin ! Guerre à la Prusse !* qui, partout, le saluaient sur son passage. Comment, en effet, ces démonstrations auraient-elles pu le confirmer dans la confiance qu'il avait mise jusque-là dans le patriotisme et les ressources immenses de la France ? Est-ce qu'un grand peuple qui réfléchit et qui se respecte dans sa force songe à s'étourdir dans des chants bachiques, quand la patrie est en danger !

Déjà, avant son départ de Saint-Cloud, l'Empereur avait éprouvé comme un premier pressentiment de l'erreur dans laquelle il était tombé, en mettant trop de confiance dans le bon esprit du pays.

En effet, après s'être bercé de l'espoir qu'à son appel et pour la défense de la patrie, la nation se lèverait tout entière pour renouveler ces prodiges de valeur et de constance qui avaient jeté tant d'éclat sur la France, dans les premières années du siècle, il avait reconnu combien son erreur était grande.

Au début de nos guerres de Crimée et d'Italie, on avait vu notre armée se grossir instantanément de 12 à 15,000 volontaires, entraînés par leur ardeur patriotique, par le bruit des armes et le prestige de la gloire. On s'était cru autorisé à en conclure que, dans cette guerre contre la Prusse, lutte plus nationale qu'aucune autre ne l'avait été, le nombre des volontaires ne s'élèverait pas à un chiffre inférieur à 30,000. Eh bien! c'était à peine si dans les huit jours qui avaient suivi la déclaration de guerre quelques milliers d'anciens soldats libérés ou jeunes gens n'ayant point encore servi s'étaient présentés pour offrir leurs cœurs et leurs bras à la Patrie. Qu'était donc devenu chez la jeune génération française ce feu enthousiaste de nos pères? Quelle triste désillusion chez l'Empereur et pour tous ceux qui avaient compté, comme lui, qu'à l'annonce des dangers qui menaçaient le pays tous les jeunes Français valides se jetteraient dans l'armée pour le défendre!

CHAPITRE XIV

Causes des mécomptes produits par la non-préparation de la Mobilisation.

Du 25 au 31 juillet, l'armée allemande commençait à montrer des forces considérables sur la partie nord-est de nos frontières, qui s'étend entre Thionville et Strasbourg. Réunies d'abord dans les grandes forteresses du Rhin et dans les grands centres de population de la rive droite de ce fleuve, ces forces se concentraient tout près de la frontière pour former des armées. Dans la partie occidentale des provinces rhénanes, elles couvraient toute la vallée de la Nahe et une partie de la vallée de la Moselle. Dans la partie orientale, elles occupaient la Bavière rhénane et s'approchaient de la vallée de la Lauter. Au grand quartier général de l'armée du Rhin, on savait, dès le 27, que les rangs de l'ennemi grossissaient démesurément de jour en jour, par l'arrivée de contingents venus de la Prusse et du midi de l'Allemagne.

Que se passait-il, de notre côté, pour la formation et la concentration des forces que nous voulions opposer à celles de l'ennemi ? Notre armée voyait-elle journellement s'élever le nombre de ses baïonnettes et celui de ses canons ? Sur ces diverses questions, il faut, pour l'édification de ceux qui, dans l'avenir, auront pour devoir de préparer l'armée française à la guerre, dire la vérité et la dire tout entière. Devenus plus prudents que nous ne l'avons été nous-mêmes en 1870, nos successeurs feront mieux que nous. Dieu le veuille !

Comme le lecteur l'a vu, dans le travail que l'Empereur avait fait en 1868, et que j'ai mis sous ses yeux, dans un des chapitres précédents, une armée est la réunion, sous un chef unique, d'un certain nombre de corps d'armée, qui constituent ses grandes unités tactiques. Le travail de l'Empereur indiquait de quels éléments un corps d'armée se compose. Ainsi que je l'ai dit déjà, l'armée prussienne a toujours ses corps d'armée formés d'une manière permanente, en temps de paix. L'effectif seul établit la différence qui existe entre le corps d'armée sur pied de paix et le corps d'armée sur pied de guerre.

En France l'Empereur, comme on l'a vu, avait voulu, dès 1868, que notre armée fût organisée en temps de paix comme l'armée prussienne, c'est-à-dire qu'elle eût toujours ses corps d'armée, leurs états-majors et leurs services administratifs formés et toujours prêts pour la guerre. Malheureusement, sa volonté n'avait pu triompher de la routine ; et, pour donner quelque apparence de satisfaction à ses désirs, on n'avait fait qu'une chose, on avait organisé nos corps d'armée sur le papier seulement, d'après les bases indiquées par l'Empereur. Et encore l'organisation de ces corps d'armée *sur le papier* n'avait pas été arrêtée comme immuable et irrévocable.

On a vu, en effet, que le 11 juillet 1870, dans le moment même où l'on venait de donner à cette organisation une consécration officielle, puisqu'il n'y avait plus qu'à expédier les ordres d'exécution, le Ministre de la guerre, pour obéir à un désir de l'Empereur, ne s'était point opposé à ce qu'on la remaniât complètement. Pour faire une seule armée des trois armées précédemment organisées sur le papier, il avait fallu changer les destinations déjà données aux généraux commandant les corps d'armée ou les divisions et modifier aussi la composition des quartiers géraux de corps d'armée, afin de n'avoir plus qu'un seul grand quartier général d'armée. De ce fait, l'administration de la guerre s'était vue dans la nécessité de consacrer à cette œuvre de remaniement un temps précieux qu'elle eût pu employer bien plus utilement au profit de l'organisation et de la mobilisation de nos forces nationales. Il y eut alors des retards dans l'expédition des ordres, et ces retards apportaient un premier trouble dans ce qui était en ce moment l'affaire capitale, c'est-à-dire la mobilisation. Un retard, de si courte durée qu'il pût être, c'était un malheur, alors que chaque minute valait des heures et chaque heure des journées entières.

Au lieu du travail long et minutieux que l'on imposa

ainsi aux bureaux de la guerre, que de difficultés on leur eût épargnées si, d'une part, nos corps d'armée eussent été organisés en temps de paix comme ils devaient l'être en temps de guerre, et si, d'autre part, on n'avait pas eu l'idée malheureuse de changer toute l'organisation de l'armée, à la dernière minute, quand on n'avait plus le temps d'y apporter la moindre modification. Au moins n'aurait-on pas vu nos officiers généraux arriver à l'armée avant d'avoir pu faire connaissance avec les troupes qu'ils étaient appelés à commander et se faire connaître d'elles. Avant de mettre en route leurs brigades ou leurs divisions, ils auraient veillé à ce qu'aucun corps ne quittât sa garnison sans avoir été pourvu complètement de son outillage de guerre. Ils se seraient assurés que, dans les dépôts de ces corps, tout était disposé pour recevoir les contingents de la réserve et celui de la classe 1869 appelée sous les drapeaux.

Au lieu de cela, la plupart d'entre eux, désignés au dernier moment, ne prirent le commandement qu'à leur arrivée à l'armée. Ils passèrent une première inspection de leurs troupes ou plutôt de la portion de ces troupes qui était déjà à la frontière, et ce ut alors un concert unanime de demandes et de plaintes, ondées sur ce que leurs régiments manquaient de ce qui était nécessaire pour entrer en campagne. Ces plaintes n'étaient que trop légitimes. On va en voir la preuve.

J'ai dit, on doit s'en souvenir, qu'en 1869 le maréchal Niel avait affirmé à l'Empereur qu'en cas de mobilisation, grâce aux dispositions qu'il avait prises, tous les réservistes de l'armée rejoindraient leurs corps dans le délai de quinze jours. J'ai dit alors que le maréchal Lebœuf, le successeur du maréchal Niel, s'était fait un devoir de ne rien changer à ces dispositions. Le moment est venu à présent d'examiner comment ces dispositions furent appliquées et quelles en furent les conséquences.

Conformément aux prescriptions ministérielles, tout réserviste, à quelque arme qu'il appartînt, avait ordre de rejoindre, en cas de mobilisation, le régiment dans lequel il avait fait ses cinq ans de service actif. L'ordre de rappel était adressé au lieu de son domicile civil; en cas d'absence, ce qui arrivait fort souvent, cet ordre était remis à sa famille à qui incombait le soin de le lui faire parvenir, à son domicile réel.

Pour mieux préciser, prenons un exemple :

Un réserviste avait, je suppose, son domicile civil à Lille et son domicile réel à Marseille. Le dépôt de son régiment se trouvait à Lyon, et les bataillons actifs de ce régiment à Grenoble. Voici ce qui advenait le jour où ce réserviste était appelé sous les drapeaux.

Le commandant du bureau de recrutement de Lille envoyait sa feuille de rappel à l'activité, à son domicile civil à Lille. La famille adressait cette feuille à l'intéressé, à Marseille, auquel il était accordé un sursis de départ de deux jours, à compter du moment où il avait reçu son ordre. C'est seulement à l'expiration de ces deux jours qu'il était dirigé sur le dépôt de son régiment, à Lyon. Là, on l'habillait, on l'armait et l'équipait, et c'est après cela seulement qu'on l'acheminait sur Grenoble, pour y rejoindre la portion active de son corps.

J'ai cité cet exemple, j'en pourrais citer beaucoup d'autres, dans des conditions plus défavorables encore, qui montrent combien il y avait de temps perdu avant que le réserviste pût être encadré dans la compagnie, l'escadron ou la batterie active du régiment auquel il appartenait.

Si, maintenant, on se reporte à ce qui se passa en 1870, dans la mobilisation de l'armée, on comprendra aisément comment il se fit que le rappel des réservistes exigea beaucoup plus de temps que ne l'avait prévu le maréchal Niel.

Le dépôt d'un régiment était généralement stationné à une grande distance de ses fractions actives. Pour certains régiments, soit en France, soit en Algérie, le dépôt se trouvait sur des points du territoire situés de telle façon que, pour s'y rendre, le réserviste était forcé de prendre une direction diamétralement opposée à celle que prenait, au même moment, la portion active du corps, pour se rendre à la frontière. Qui ne se rappelle, à ce sujet, ce chassé-croisé de réservistes qui, dès le lendemain de la déclaration de guerre, survint tout à coup et causa un si grand étonnement parmi nos populations? Aussi quel retard dans l'arrivée des réservistes, et que de fatigues aussi qu'on avait tant intérêt à leur épargner.

Si encore le soldat réserviste avait pu ne faire que passer au dépôt de son régiment pour y recevoir immédiatement tout son outillage de guerre et être aussitôt mis en route pour rejoindre son corps à l'armée; mais non, rien n'avait été préparé dans les dépôts pour qu'il en pût être ainsi, ou du moins ce qui avait été préparé était insuffisant.

Pour que le réserviste ne stationnât pas forcément au dépôt, il eût fallu y disposer à l'avance, pendant le temps de paix, et en quantités correspondantes au nombre de réservistes à recevoir, les armes, les effets d'habillement ou d'équipement et de campement et les munitions nécessaires ; et malheureusement cela n'avait été fait que dans les dépôts de la cavalerie et de l'artillerie et seulement encore en ce qui concernait l'habillement et l'équipement. Qu'on juge, après cela, des difficultés que les opérations de la mobilisation rencontrèrent dans les dépôts de nos régiments.

Avant de quitter Paris, le Ministre de la guerre avait prescrit à tous les généraux commandants de divisions et de subdivisions territoriales, de diriger sur la portion active de leurs corps, déjà à la frontière, tous les hommes de la réserve, par détachements de 100 hommes. Il leur avait recommandé expressément de ne pas perdre une minute, pour mettre en chemin de fer chaque détachement, sitôt que le chiffre de cent hommes serait atteint. Mais, dès son arrivée à Metz, il avait constaté que des réservistes étaient arrivés incomplétement équipés ou armés. Il avait alors adressé, aux mêmes généraux, un second ordre qui leur enjoignait de se garder de diriger les réservistes de l'infanterie sur l'armée avant qu'ils eussent reçu dans leurs dépôts, indépendamment de leur armement et équipement, leurs effets et ustensiles de campement et 90 cartouches par homme. Mais ces deux ordres, donnés successivement par le **Ministre**, major général, pouvait-on espérer que les généraux auraient la possibilité de s'y conformer exactement et qu'ils ne se heurteraient pas à des difficultés insurmontables ?

Hélas ! non ; les deux ordres ne pouvaient être exécutés comme le maréchal Lebœuf le voulait ; et de plus, sur plusieurs points, ils étaient incompatibles, exclusifs l'un de l'autre, pourrais-je dire. En effet, jusqu'à la déclaration de guerre, chaque régiment d'infanterie n'avait reçu que 2,000 fusils, soit 5 à 600 fusils en excédant de ce qui lui était nécessaire pour son effectif de paix, qui était de 1,250 hommes environ. L'assiette du casernement n'aurait pas permis qu'on leur en donnât un plus grand nombre.

Or, les effectifs de guerre, augmentés de la classe 1869 qui devait être appelée le 1ᵉʳ juillet, étaient les suivants :

Régiment d'infanterie (bataillons actifs et dépôt) 3,520 hommes.		
Bataillon de chasseurs à pied.	—	1,260 —
Régiment de tirailleurs	—	3,280 —
— étranger	—	2,200 —
— du génie	—	3,740 —

Il résultait de ces chiffres que si, au jour d'une mobilisation, il n'y avait dans chaque dépôt que 5 à 600 fusils disponibles, il en manquait 1,500 pour armer les derniers réservistes qui seraient arrivés au dépôt.

De plus, il n'y avait dans aucun dépôt le moindre approvisionnement en effets et ustensiles de campement ; quant aux cartouches, le magasin d'armement des dépôts ne contenait que le strict nécessaire au temps de paix ;

l'approvisionnement s'en renouvelait au fur et à mesure
des besoins.

Que l'on examine à présent ce qu'a dû être la situation
du commandant d'un dépôt après qu'il eut reçu communication des deux ordres du Ministre.

Ce commandant a vu, peu de jours après la déclaration
de guerre, les bataillons actifs de son régiment quitter leur
garnison pour se rendre à la frontière. Ces bataillons sont
partis avec leurs effectifs de paix, et peut-être qu'avant de
se mettre en route ont-ils pu recevoir des magasins centraux et de l'arsenal le plus voisin leurs effets de campement et leurs munitions de guerre. Je dis peut-être, parce
que parmi ces bataillons il y en eut qui ne les reçurent
qu'à leur arrivée à destination, en les tirant des magasins
de Metz et de Strasbourg. Mais aussitôt que la mobilisation
fut ordonnée, le commandant de dépôt dont il s'agit s'est
empressé de demander d'urgence au général de division sous
les ordres duquel est placé son dépôt, et cela par l'intermédiaire obligé *du général commandant la subdivision*, les fusils et les munitions nécessaires pour environ 1,000 hommes de la réserve et 900 de la classe 1869. C'est 15 à
1,600 fusils qu'il faut qu'on lui envoie sur l'heure. Quant
aux munitions, il faut de toute nécessité que l'arsenal le
plus voisin du dépôt lui expédie (sur des états de demande
soumis au visa du général, adressés par ce dernier au
directeur d'artillerie, qui les transmet au commandant de
l'arsenal), cent cinquante et quelques mille cartouches.

Ce n'est pas tout encore, le commandant du dépôt n'a
pas perdu de temps pour demander au sous-intendant

militaire le matériel d'équipement, d'effets et d'ustensiles de campement nécessaire pour les 1,900 hommes qu'il va recevoir, etc.

Que de temps employé pour que les demandes du commandant du dépôt puissent recevoir satisfaction! Pour s'en rendre un compte exact, il faudrait savoir le temps considérable qu'il fallait consacrer à leur exécution, soit dans l'arsenal, soit dans les magasins centraux. Les difficultés furent plus grandes dans ces derniers, qui étaient seulement au nombre de six, Paris, Lille, Metz, Strasbourg et Lyon, pour l'intérieur, et Alger pour notre armée d'Afrique. L'encombrement de ces magasins, malgré tout l'ordre qu'on avait pu apporter dans le classement des effets, ne pouvait guère se prêter à la confection rapide des nombreux colis à expédier. Du 15 au 31 juillet le remuement du matériel y devint effroyable, les officiers comptables directeurs ayant des quantités considérables d'effets à expédier dans toutes les directions. Peu de jours après, la confusion s'y jeta, quand les directeurs de Paris et Lyon, déjà surmenés par leurs opérations avec les dépôts, reçurent l'ordre d'expédier une partie de leur matériel sur les magasins de Metz et Strasbourg, qui avaient été épuisés pour distribuer leur outillage de campagne aux régiments qui n'en avaient pas été pourvus avant de quitter leurs garnisons. Il se produisit alors des erreurs dans les expéditions, et des retards dans l'arrivée des colis dirigés sur les dépôts. Comment s'en étonner, une partie de l'armée était en mouvement sur les voies ferrées, et y encombrait toutes les gares; à ce sujet, que

le lecteur me permette de placer sous ses yeux le tableau
désolant que présentait le magasin central de Metz, dans
une visite que j'y fis, le 26 juillet, avec le major général
de l'armée.

Ce jour-là, alors que sa tâche était devenue prodigieu-
sement difficile, et qu'il eût fallu décupler son personnel,
le directeur de cet établissement s'était vu priver, en vertu
d'une décision de l'administration de la guerre, de deux
adjoints qu'on avait attachés à l'armée active. Le nombre
de ses ouvriers de magasin était absolument insuffisant.
Il en résultait qu'il était seul pour tout ordonner, tout surveiller et tout contrôler. Il succombait sous le poids de sa
responsabilité et d'un travail qui excédait ses forces. Le
matériel qui lui était envoyé des magasins de l'intérieur
encombrait non pas seulement les locaux de son établissement, mais les cours mêmes, où rien n'était disposé pour
les recevoir. Avec l'encombrement, le désordre et la confusion grandissaient d'heure en heure autour de lui. Il y
avait là, je ne l'oublierai jamais, 400,000 sacs de tentes-
abris, et les troupes, autour de Metz, demandaient avec
instance qu'on les leur distribuât. Toutes ces tentes étaient
arrivées à Metz sans cordeaux d'attache et sans piquets.

Ce que j'ai vu à Metz le 26 juillet, on devait sans doute
le voir à toutes les gares du chemin de fer de l'Est, où les
colis contenant du matériel de guerre s'entassaient de plus
en plus, chaque jour, confondus les uns avec les autres,
de telle sorte que des colis faisant partie du même envoi
n'arrivaient pas tous ensemble ou en même temps à destination. La confusion, dans les gares, devint si grande,

qu'après les premières batailles livrées sous Metz, et que lorsque déjà on se préoccupait de la question de savoir si l'infanterie n'allait pas manquer de cartouches, on trouva tout à coup dans la gare de Metz des millions de cartouches en barils, entassés, confondus avec des milliers de caisses de biscuits. Ces millions de cartouches y séjournaient depuis longtemps, sans qu'au grand quartier général on se fût jamais douté de leur dépôt en pareil lieu...

Les détails dans lesquels je viens d'entrer ont assurément fatigué l'attention du lecteur, mais ils étaient nécessaires pour lui faire comprendre devant quelles difficultés se sont brisés, en 1870, tous les efforts que nous avons pu faire pour mobiliser rapidement notre armée.

Je n'ajouterai plus que quelques lignes pour démontrer avec quelle imprévoyance l'administration de la guerre s'était préoccupée de la question du matériel d'ambulance nécessaire à l'armée.

En 1868, après avoir fait construire le matériel d'ambulance nécessaire pour les trois armées, le maréchal Niel avait voulu qu'il fût remisé dans les locaux dépendant de l'Hôtel des Invalides. On l'avait ainsi réuni tout entier sur un seul point, au lieu de le répartir dans les forteresses de notre frontière. En outre, on avait négligé de disposer, à côté des voitures, qui entraient dans sa composition, les harnais d'attelage, sans lesquels on ne pouvait les mettre en mouvement. On ne s'était pas non plus préoccupé des chevaux qu'il fallait pour atteler ces voitures.

Quand arriva le jour où les ambulances auraient dû être

immédiatement dirigées sur l'armée, on employa un temps considérable avant de pouvoir atteler les voitures et leur donner le personnel médical qui n'avait point été constitué avant la déclaration de guerre. C'est ce qui explique pourquoi beaucoup de divisions et presque tous les quartiers généraux n'avaient pas encore reçu ce matériel, même après avoir combattu à Wissembourg, à Reichshoffen et même à Sedan.

CHAPITRE XV

Désarroi dans le commandement. — Préparatifs pour
l'attaque de Saarbrück. — Le maréchal Bazaine. —
Combat de Saarbrük.

Instruits, comme ils l'étaient, de tout ce que l'état-major
prussien avait fait avant 1866 pour se préparer à la guerre
contre l'Autriche, les Ministres de la guerre, en France,
avaient pour devoir impérieux de tout mettre en œuvre
pour que notre armée fût toujours prête à être mobilisée
et concentrée en moins de quinze jours. On a vu, dans le
chapitre précédent, ce que l'administration de la guerre
avait fait. Il en était résulté des lenteurs déplorables et
une organisation d'armée tout à fait incomplète.

Ces lenteurs furent telles, que l'armée du Rhin, qui aurait
dû, au 30 juillet, compter 400,000 hommes au moins
(c'était le chiffre admis comme certain), ne présenta, à la
date du 1ᵉʳ août, qu'un effectif de 235,800 hommes.

En présence d'un déficit aussi inattendu, quelle résolution devait prendre le commandant en chef de l'armée du
Rhin? Fallait-il qu'il se décidât, quand même, pour cette
initiative que lui conseillaient, à la fois le caractère du
soldat français et celui de la nation, initiative qu'atten-
daient, peut-être, aussi très impatiemment, des puissances
qui nous étaient très sympathiques, sinon prêtes à joindre
leurs armées à la nôtre, si les premiers combats nous
étaient favorables?

Parmi les chefs de l'armée, plusieurs se prononcèrent
pour une initiative immédiate; le plus grand nombre se
montra d'un avis contraire. En général, les commandants
de corps d'armée et de divisions jugèrent qu'il y avait tout
à gagner en temporisant, pour n'aborder l'ennemi que
lorsque l'armée serait organisée. Quant au soldat, il se
montrait impatient de marcher à l'ennemi.

L'Empereur, quelque regret qu'il en éprouvât, crut
qu'il était prudent de ne tenter aucune opération sérieuse
avant que les 235,800 hommes, dont il disposait, eussent
reçu tout au moins le matériel qui leur était indispensable.
Il se berçait de l'espoir que trois à quatre jours suffiraient
pour cela ; et que, pendant ce temps, l'armée verrait ses
rangs grossir considérablement par l'arrivée des contingents de réservistes qui y étaient attendus. Il pensait que
l'armée pourrait prendre l'offensive du 4 au 5 août. La
temporisation eut des conséquences fâcheuses. Bien avant
le 4 août, l'immobilité forcée, cette inaction prolongée qui
semblait dire à nos soldats que nous rompions avec toutes
les traditions de notre passé, avait jeté l'étonnement

d'abord, puis bientôt le mécontentement dans tous les rangs de l'armée. En même temps, l'émoi était grand parmi les officiers du grand quartier général, et cet émoi était justifié, car ces officiers voyaient les jours s'écouler, sans apporter grand changement dans une situation déjà très mauvaise. Il y eut là, comme partout ailleurs dans l'armée, des explosions de colère contre ceux qui avaient si mal préparé la mobilisation. L'Empereur y fut le seul, peut-être, qui, conservant son calme et son sang-froid, se contenta de gémir presque silencieusement sur les fautes qui avaient été commises, sans rechercher les coupables, sans s'attaquer à aucun d'eux.

Comme conséquence inévitable, le commandement devint hésitant, peu sûr de lui-même. Des projets, des contre-projets ; des décisions prises et presque aussitôt annulées, des ordres et des contre-ordres s'y succédaient sans qu'on s'arrêtât à rien de définitif. C'était un signe certain que la direction disparaissait. Ajoutez à cela, qu'à dater du 1ᵉʳ août, le commandement alla oscillant, des mains de l'Empereur à celles de ses lieutenants commandants de corps d'armée. Jusqu'au 28 juillet, la Garde impériale et les 2ᵉ, 3ᵉ, 4ᵉ et 5ᵉ corps avaient été placés, provisoirement, sous les ordres du maréchal Bazaine ; le 1ᵉʳ et le 7ᵉ corps sous les ordres du maréchal de Mac-Mahon. A cette date, le 6ᵉ corps était encore en voie de formation au camp de Châlons.

Le 28 juillet, à son arrivée à Metz, l'Empereur prenait le commandement en chef de l'armée ; le maréchal Bazaine reprenait celui du 3ᵉ corps, et le maréchal de Mac-Mahon celui du 1er. Mais le 1er août, le maréchal Bazaine était appelé, sur un ordre de l'Empereur, à commander directement les 2e, 3e et 5e corps, en vue d'une opération offensive qui devait être effectuée sur Saarbrük. On verra plus loin que, dans les journées suivantes, le commandement du maréchal fut encore modifié, à plusieurs reprises, jusqu'au moment où l'Empereur lui donna définitivement le commandement en chef de l'armée.

L'opération offensive dont il s'agissait, le 1er août, fut exécutée dans les circonstances suivantes :

L'Empereur avait bien décidé que ce serait vers le 4 août, que l'armée française commencerait les premières opérations offensives. Pendant qu'il attendait cette date, il fut amené à modifier ses résolutions. Il se détermina à ordonner au 2e corps d'armée, qui était sous Forback, de s'emparer de vive force de Saarbrük. L'opération avait un double but : le premier, de se rendre maitre du pont de Saarbrük, par lequel l'armée devait déboucher quelques jours plus tard ; le second, de faire sortir l'armée de l'inaction trop longue où elle se trouvait.

Depuis le 20 juillet, d'ailleurs, le général Frossard avait cherché à démontrer à l'Empereur la nécessité qu'il y avait, pour nous, de s'emparer de Saarbrük. Cette nécessité résultait de la configuration même de notre frontière qui sépare la Lorraine du Palatinat.

Le cours de la Sarre formait cette frontière, en avant de Forbach, sur un parcours d'environ 20 kilomètres, depuis Sarreguemines, qui était à la France, jusqu'à Saarbrük qui appartenait à la Prusse. Le pont de Sarreguemines était un des débouchés par lequel des forces françaises pouvaient pénétrer dans les provinces rhénanes ; ces forces avaient, en effet, à leur disposition, l'excellente route qui se dirige vers Deux-Ponts et Kaïserlautern ; de ce dernier point, elles pouvaient se porter vers Mayence. A partir de Blies-castel, cette route longe la grande voie ferrée Paris-Metz-Saarbrük-Mayence. Sarreguemines était donc un point de passage de la Sarre qu'on avait grand intérêt à occuper solidement, en juillet 1870, aussitôt après la concentration à la frontière. Aussi, le général Frossard avait-il reçu l'ordre d'y établir une de ses divisions, sitôt que son corps d'armée serait réuni sous Forback. Comment n'avait-on pas songé, pendant les années qui s'écoulèrent de 1866 à 1870, alors qu'une guerre avec la Prusse était pour tout le monde inévitable, à construire quelques ouvrages défensifs autour de Sarreguemines, ou tout au moins à y réunir, sur place, tous les moyens nécessaires pour les construire au moment d'une déclaration de guerre ? N'est-il pas de toute évidence, qu'un grand dépôt d'approvisionnements de guerre, protégé par quelques ouvrages, eût été fort utile à l'armée du Rhin pendant sa concentration ? Il eût présenté un obstacle sérieux à l'ennemi quand il aurait voulu franchir la frontière sur ce point. Peut-être même que Sarreguemines fortifié, le commandant en chef de l'armée du Rhin n'eût pas hésité à utiliser ce point de passage pour jeter la masse principale de ses forces dans le Palatinat par un mouvement vigoureux d'offensive qui eût prévenu les défaites que nous essuyâmes à Spikeren et à Reichshoffen. Comme on le verra plus loin, ce mouvement fut presque décidé par l'Empereur, bien que Sarreguemines ne fût pas mis en état de défense.

Ce que je viens de dire de Sarreguemines, on peut l'appliquer à Saarbrük, ville également ouverte, située sur le même cours d'eau, à 5 kilomètres en aval. Seulement Saarbrük est point stratégique de premier ordre aussi bien pour la Prusse que pour la France. C'était incontestablement le débouché le plus commode que l'armée du Rhin pouvait avoir pour franchir la frontière et pénétrer dans le Palatinat, pour gagner ensuite le Bas-Rhin. Il suffit, pour s'en convaincre, de jeter un coup d'œil sur la carte.

Pour l'armée du Rhin, le passage de la frontière à Saarbrük avait donc une importance capitale. Pour l'armée prussienne, qui, en juillet 1870, se concentrait dans le Palatinat, l'importance n'était pas moins grande ; car l'état-major prussien savait bien que Saarbrük serait certainement la tête de la ligne d'opérations principale que l'une des grandes armées allemandes aurait à suivre, si elle parvenait à pénétrer par là, en France, pour marcher ensuite sur la capitale.

On peut conclure de ce qui précède, qu'aussitôt après la déclaration de guerre, chacune des armées française et prussienne avait le même intérêt à occuper solidement Saarbrük. Les officiers prussiens n'avaient cependant fait construire aucun ouvrage défensif sur ce point, pendant la paix, et dans les jours qui suivirent la déclaration de guerre, rien ne donna à penser qu'ils eussent l'intention de mettre Saarbrük en état de défense. Jusqu'au 1ᵉʳ août même, ils n'eurent, dans la ville, qu'un détache-

ment dont la force était insignifiante. Quelles raisons les
déterminèrent à laisser ainsi ce point de passage important
de la Sarre, presque absolument dégarni de troupes? Eux
seuls pourraient le dire. Peut-être, ont-ils commis à Saarbrük, la faute que nous avions commise nous-mêmes à
Sarreguemines. Peut-être, avaient-ils jugé, longtemps à
l'avance, que la Sarre étant guéable sur un grand nombre
de points de son parcours, en amont et en aval de Saarbrük, il n'y avait pas grande nécessité, pour eux, à fortifier cette ville. Peut-être enfin, fut-ce avec intention, pour
mieux inviter l'armée française à entrer dans les provinces
rhénanes, par ce débouché de la Sarre, leur intention
étant bien arrêtée de prévenir l'offensive que nous pren-
drions de ce côté, en la prenant eux-mêmes du côté des
Vosges et de Strasbourg.

Quoi qu'il en soit de ces appréhensions, il est certain
que le 21 juillet, le général Frossard demandait à l'Empereur l'autorisation de se rendre, sur-le-champ, maître de
Saarbrük. Mais, ce même jour, un télégramme, expédié de
Paris, par le Ministre de la guerre, lui enjoignait de ne pas
franchir la Sarre, s'il voulait mettre à exécution l'opération
qu'il méditait, mais lui donnant toute liberté de s'emparer
de la partie de la ville qui se trouve du côté de la frontière
française, s'il le jugeait nécessaire, disait le télégramme,
pour mieux asseoir la position de son corps d'armée. Qu'il
usât ou n'usât point de la latitude qui lui était laissée, à
cet égard, il lui était recommandé encore de reconnaître
sur la Sarre les points guéables, en amont et en aval de la
ville, afin de se tenir prêt à profiter de ces autres points de

passage, au premier moment, ce qui permettrait de tourner Saarbrük, et d'en chasser les défenseurs, sans qu'on fût forcé de l'attaquer directement et d'y employer, pour cela, de grands efforts.

Le 22 juillet, le général Frossard recevait du Ministre de la guerre un autre télégramme dans lequel il lui était dit que Sarreguemines (occupé par une seule division) devant, sous peu de jours, devenir un point de départ de l'une des lignes d'opérations de notre armée, il était invité à étudier la question de savoir si cette ville ne pourrait pas être, au moyen de quelques travaux, exécutés rapidement, constituée *en place de circonstance*, où l'on pourrait emmagasiner de grands approvisionnements en vivres et matériel d'administration.

Le commandant de notre 2e corps d'armée n'était assurément pas un homme à s'endormir sur les instructions qu'on venait de lui donner. Son tempérament belliqueux et l'énergie de son caractère devaient lui conseiller de profiter, au plus vite, de l'autorisation qu'on venait de lui donner. Sans doute, il eût préféré qu'on lui eût répondu d'occuper la ville sur l'une et l'autre rive, et de s'emparer surtout de la gare du chemin de fer, qui se trouve sur la rive droite, mais si contrarié qu'il pût être, il lui était impossible de ne pas reconnaître que cette opération restreinte, comme on la voulait, serait encore fort utile. Car dès que les troupes occuperaient la partie sud de la ville, elles seraient maîtresses des hauteurs qui la dominent de ce côté, ainsi que tout le terrain environnant. Elles seraient maîtresses du pont ; et quand elles le voudraient, elles

pourraient détruire la gare, à coups de canon, et en inter-
dire l'accès à l'ennemi.

Qu'est-ce donc qui obligea le général Frossard à laisser
son corps d'armée dans l'inaction, pendant les quelques
jours qui suivirent. Je ne l'ai jamais su. Je croirais volontiers que, pour se condamner à l'inaction, le général dut
recevoir, sans que j'en aie été informé, de nouvelles instructions qui lui prescrivaient d'attendre des ordres positifs, avant de rien entreprendre.

Ainsi qu'on le lui avait prescrit, il proposa des dispositions pour la mise en état de défense de Sarreguemines.
Les événements, qui se précipitèrent bientôt, ne permirent
pas de donner suite aux mesures qu'il avait projetées à ce
sujet.

L'attaque que le général Frossard avait demandé, le
22 juillet, à diriger contre Saarbrük, fut exécutée le
2 août. Voici les circonstances qui, à cette date, parurent
la motiver :

Dans la journée du 30 juillet, des renseignements, venus
de la frontière, avaient appris à l'Empereur que les Prussiens, venant de Trèves, s'avançaient vers Saarbrük, et que
leurs forces allaient grossissant, de plus en plus, du côté
de Sarrelouis et de Neukirchen. On les estimait à 40,000
hommes. Il fallait se hâter, si l'on persistait dans l'intention de s'emparer de Saarbrük ; car si l'on attendait plus
longtemps, les Prussiens pourraient nous disputer sérieusement, et nous faire payer cher la possession de cette
ville. L'Empereur décida, sur-le-champ, qu'on l'attaque-

rait à bref délai, sans toutefois rien arrêter encore sur le jour et l'heure où l'opération aurait lieu.

Jusque là, on avait toujours pensé, au grand quartier impérial, que le 2ᵉ corps d'armée seul, peut-être même un simple détachement de ce corps, suffirait pour cette opération. Mais, à présent que, d'après les renseignements reçus par l'Empereur, on devait s'attendre à trouver devant soi, à Saarbrük, un corps ennemi considérable, il paraissait prudent de ne pas charger le 2ᵉ corps d'armée d'exécuter tout seul l'attaque dont il s'agissait, ou si on lui attribuait le principal rôle à y jouer, il convenait de prendre des dispositions pour que les corps les plus rapprochés pussent lui venir en aide, selon les circonstances, avec tout ou partie de leurs forces. Ces corps, les plus rapprochés du 2ᵉ, étaient le 3ᵉ (maréchal Bazaine) qui se trouvait sous Saint-Avold, et le 5ᵉ (général de Failly). Deux des divisions de ce dernier avaient relevé, ce jour même du 30 juillet, à Sarreguemines, la division du 2ᵉ corps qui avait rallié son corps d'armée à Forback.

L'Empereur arrêta, en conséquence, que les 2ᵉ, 3ᵉ et 5ᵉ corps d'armée seraient placés, pour l'opération, sous le commandement unique du maréchal Bazaine. Le 30 juillet, il fit instruire le maréchal de cette décision, et il lui fit connaître, en même temps, que le général Frossard avait déjà fait éxécuter des reconnaisances sur la Sarre, et que lorsque le moment d'exécution serait venu, ce général prononcerait un mouvement d'attaque directe sur Saarbrük, avec une partie des forces du 2ᵉ corps, en même temps qu'une des divisions de ce corps franchirait la Sarre, à gué, tournerait la ville, et obligerait, par là, l'ennemi à l'abandonner.

Le 1ᵉʳ août, l'Empereur décida que l'opération serait exécutée le lendemain. Il en informa le maréchal Bazaine et lui prescrivit de donner au commandant du 2ᵉ corps les instructions qu'il jugerait nécessaires, et de désigner les troupes des 3ᵉ et 5ᵉ corps qui auraient, en cas de besoin, à prêter leur appui au 2ᵉ. Il l'invita à faire connaître au major général de l'armée les dernières dispositions, dès qu'il les aurait prises.

Le 2 août, le général Frossard mit en mouvement, à onze heures du matin, les troupes désignées pour attaquer Saarbrük. Le combat que leurs tirailleurs eurent à livrer pour s'emparer des hauteurs dites *le champ de manœuvre*, et pour occuper la ville, fut de courte durée et sans grande importance. Les Prussiens n'avaient à Saarbrük qu'un faible détachement d'infanterie et d'artillerie, 2,000 hommes environ. Pendant le combat, ce détachement reçut quelques renforts ; mais quels qu'ils aient pu être, la lutte était disproportionnée. Du côté des Prussiens, comme du nôtre, il y eut des tués et des blessés, mais en petit nombre. L'affaire, qui dura à peine une heure, se passa presque uniquement en tirailleries exécutées de part et d'autre. Après la cessation du feu, l'artillerie canonna la gare du chemin de fer, avec l'intention de l'incendier et de la détruire ; elle reconnut que ses pièces n'avaient pas la portée suffisante.

L'Empereur avait voulu assister à l'attaque de Saarbrük, parce qu'il avait compté sur un combat sérieux. Il s'était persuadé que les trois corps seraient engagés et auraient à se heurter contre des forces ennemies considérables.

Comme conséquence des renseignements erronés qui lui avaient été donnés, tout un corps d'armée, le 2ᵉ, avait été mis en mouvement; une division du 5ᵉ avait quitté Sarreguemines pour marcher sur Saarbrük, en suivant la rive droite de la Sarre, et appuyer le flanc droit du 2ᵉ; enfin, le 3ᵉ avait été tenu en éveil pendant de longues heures, et tout cela pour un si mince résultat! C'était déplorable.

Si encore, après s'être rendu maîtres des hauteurs du champ de manœuvres, on se fût emparé de tout le terrain abandonné par l'ennemi, si l'on eût occupé la ville et la gare, afin d'en rendre l'accès difficile à l'ennemi. Mais non, on ne fit rien de tout cela. On décida seulement que le 2ᵉ corps resterait en position, jusqu'à nouvel ordre, sur le terrain où il s'était établi.

Des officiers qui n'avaient pas assisté à l'affaire et qui n'en savaient autre chose, sinon que nous avions chassé l'ennemi de la position, s'empressèrent de télégraphier à Paris, à l'insu de l'Empereur, que nous venions de remporter un succès éclatant. L'écho de cette nouvelle retentit aussitôt dans toute la France. Dans l'armée, on ne fit qu'en gémir.

L'Empereur s'était borné à mander à l'Impératrice qu'à Saarbrük, le Prince impérial venait de recevoir le baptême du feu, et que, sous les balles ennemies, il avait dignement fait honneur à son nom. Ce témoignage de satisfaction, accordé par le père à son fils, n'avait rien qui fût exagéré. Pendant le combat de Saarbrük, je n'ai pas quitté un seul instant le Prince impérial. Je me suis constamment tenu à sa gauche, pendant que l'Empereur était à sa droite; et je puis dire que, sous le feu des tirailleurs prussiens, l'attitude du jeune Prince, calme et digne, ne se démentit pas un instant. *Il ne salua pas* sa première balle, comme on dit dans l'armée.

L'Empereur était arrivé sur le terrain à onze heures, au moment même où l'action allait s'engager. Il passa à cheval entre les lignes des troupes qui prenaient position. Dès que le feu eut été ouvert, il se porta vers la gauche de nos tirailleurs, après avoir ordonné à son escorte de ne pas le suivre. Il demeura, jusqu'à la fin du combat, sur la ligne de tirailleurs, bien que je m'efforçasse de lui démontrer que sa place n'était pas précisément là.

Quand le feu eut cessé, l'Empereur passa devant le front de quelques bataillons et de quelques batteries; il mit pied à terre et s'appuyant, sans mot dire, sur mon bras, il se dirigea lentement vers sa voiture.

— L'Empereur me parait souffrir, lui dis-je. — Je souffre horriblement, me répondit-il. — Est-ce qu'il ne serait pas mieux que la voiture de Sa Majesté vînt la prendre ici. — Non, je préfère marcher un peu [1].

On se rappelle que le maréchal Bazaine commandait le 2 août les 2ᵉ, 3ᵉ et 5ᵉ corps d'armées, et que c'était lui qui

___

1. Ces souffrances, que l'Empereur endurait le 2 août 1870, étaient les symptômes de l'affection cruelle qui détermina sa mort à Chislehurst quelques années plus tard.

avait été chargé de diriger l'attaque contre Saarbrük. L'Empereur avait pensé que le maréchal se trouverait, de sa personne, sur le lieu de l'action. Quand il y arriva lui-même, il demanda où était le maréchal, on ne put le lui dire. Mais on lui apprit vaguement qu'il avait quitté Forback le matin, prenant, à travers bois, la direction de Werden, village qui se trouve sur la Sarre, à 7 ou 8 kilomètres en aval de Saarbrük. L'Empereur, désireux de voir le maréchal avant de rentrer à Metz, m'envoya à sa recherche sur la route de Werden. Je revins, n'ayant pu le trouver.

Cette absence du maréchal Bazaine, son éloignement volontaire de trois corps d'armée, dont il avait le commandement, et dont il devait diriger les mouvements dans une action qui leur était commune, fut interprétée de différentes manières dans l'armée. Les uns l'attribuèrent à un sentiment d'hostilité du maréchal envers le général Frossard. Ils supposèrent que, voyant celui-ci chargé de la partie principale de l'opération, qui était l'attaque directe de Saarbrük, il avait voulu lui laisser toute la responsabilité. D'autres imaginèrent qu'en se portant, de sa personne, sur un point rapproché de Sarrelouis, le maréchal avait voulu voir si les Prussiens n'essayeraient point de déboucher de Sarrelouis pour nous attaquer sur notre flanc gauche, pendant que nous les attaquerions de front à Saarbrük. Quoi qu'il en soit de ces suppositions, la conduite du maréchal demeura toujours inexpliquée.

Le 2ᵉ corps d'armée resta devant Saarbrük, jusqu'au 5 août; ce jour-là, sur un ordre de l'Empereur, le général

Frossard dut le faire porter à 5 kilomètres en arrière, sur la position de Spikeren. Je ferai connaître, un peu plus tard, les circonstances qui avaient motivé ce mouvement.

CHAPITRE XVI

Situation des deux armées jusqu'au 4 août.

Avant de passer au récit des événements de guerre qui marquèrent, pour nous, les journées des 4 et 6 août 1870, il me paraît nécessaire de montrer au lecteur quelle fut la situation des deux armées jusqu'au 4 août. C'est à cet exposé que je consacrerai le présent chapitre.

On a vu précédemment, qu'à la date du 31 juillet, l'armée du Rhin comptait, à son effectif, 235,000 hommes, chiffre relevé, ce jour-là, sur les états de situation fournis par les différents corps.

Ces 235,800 hommes étaient-ils, au moins, disponibles pour les opérations qu'il était si désirable qu'on pût commencer dès ce moment. Il s'en fallait de beaucoup, comme on va voir.

En effet, dans ce chiffre se trouvait compris l'effectif du

6ᵉ corps (maréchal Canrobert) qui était encore en formation au camp de Châlons. Il y comptait pour 31,200 hommes. S'il est vrai que, pressé comme on l'était par les circonstances, l'ordre avait été donné au maréchal Canrobert d'amener, au plus vite, à Metz, son corps d'armée, sans attendre que l'organisation en fût complètement achevée, on ne pouvait espérer que ce corps pût y arriver avant le 4 août, au soir ; car son transfèrement, par chemin de fer, devait exiger quatre jours, au moins. Le chemin de fer de l'est était, en ce moment, très surchargé par les détachements de réservistes et par le matériel considérable que l'administration de la guerre envoyait des magasins de l'intérieur, dans les forteresses de l'Alsace et de la Lorraine.

Ce n'était donc pas avant le 4 août, au soir, ou le 5, au matin, que l'armée du Rhin pouvait présenter l'effectif de 235,800 hommes présents et disponibles pour des opérations de guerre.

Il est vrai que du 31 juillet au 4 août, le nombre des disponibles devait s'accroître, chaque jour, par l'arrivée d'un certain nombre de détachements de réservistes, rejoignant leurs régiments.

La situation de l'armée s'aggravait encore de ce fait, qu'avec son effectif des présents, si restreint qu'il fût, elle ne formait pas une masse unique que l'on pût opposer à l'ennemi sur un seul point ; elle se décomposait en deux masses trop éloignées l'une de l'autre, pour qu'il leur fût possible de se prêter un mutuel appui. L'une, la plus considérable, était sous Metz ; l'autre sur les Vosges, et sous Belfort dans la Haute-Alsace.

Le 4 août, au soir, cette situation s'était quelque peu amé-
liorée. L'effectif s'élevait au chiffre de 250,520 hommes;
le 7ᵉ corps avait reçu un renfort de 10,000 hommes
environ; le 1ᵉʳ, 1,500 et les autres corps, ensemble environ 3,220. Mais le 6ᵉ corps (maréchal Canrobert) n'était
point encore arrivé à Metz; et dans la portion de l'armée
qui était à Metz, comme dans celle qui se trouvait en
Alsace, les forces disponibles n'étaient point organisées
complètement : outre que les régiments n'avaient pas, à
beaucoup près, reçu tous leurs réservistes, les quartiers
généraux et les divisions n'avaient pu être pourvus, qu'en
partie, de leurs services administratifs, de leurs ambulances et de leur matériel de trésorerie et postes.

En résumé, l'armée du Rhin comptait, sous Metz,
147,730 hommes immédiatement disponibles, et, en
Alsace, 53,800 hommes également disponibles; ces derniers représentant le 1ᵉʳ corps d'armée, sous Strasbourg,
et le 7ᵉ corps, à Belfort, avec une de ses divisions à
Colmar. Le 6ᵉ corps n'avait pas encore rejoint Metz; on
ne pouvait le considérer comme disponible.

Puisque j'ai parlé des effectifs de l'armée du Rhin, il me
paraît nécessaire que je dise ici ce que nous entendons
par ce terme technique d'effectif, quand nous l'appli-
quons à l'armée française, parce qu'on l'entend tout
différemment dans l'armée prussienne. Dans notre armée,
le chiffre d'effectif d'une unité tactique, régiment, division, corps d'armée ou armée, indique le nombre
d'hommes qui appartiennent à cette unité, qu'ils soient,
d'ailleurs, combattants ou non combattants. Il s'applique,

en un mot, à tous les rationnaires, et non point seulement
aux hommes qui portent le fusil ou le sabre, ou servent
les bouches à feu. Tous les hommes employés dans les
services administratifs, et le nombre en est considérable,
et qui ne combattent pas, y comptent comme ceux qui
combattent. On n'est pas loin de la vérité, quand on
estime que, dans une armée française, les non-combattants représentent, à peu près, le quart des hommes qui
comptent à son effectif. Ce sont des non-valeurs pour le
combat.

Les officiers allemands sont trop positifs, pour se payer
de la même monnaie que nous, quand ils parlent de leurs
effectifs de guerre. Chez eux, le nombre de leurs rationnaires n'a d'intérêt que pour leurs intendants ; parce que
ce sont ceux-ci qui doivent faire vivre tous les hommes
qui marchent avec leurs armées ; mais dans les effectifs
des unités tactiques, ils ne comprennent que les hommes
qui font le coup de fusil ou le coup de sabre. Ils vont
jusqu'à en exclure les soldats appartenant aux armes de
l'artillerie et du génie, bien qu'incontestablement ces
hommes soient des combattants.

J'avais besoin d'entrer dans ces détails, pour mieux
faire voir au lecteur la différence qu'il y avait, vers le
4 août 1870, entre les forces respectives des armées françaises et allemandes.

Voyons, maintenant, de quoi se composaient, à cette
même date du 4 août, les forces des armées allemandes.

Les Prussiens avaient, longtemps avant la déclaration
de guerre, tout préparé en vue de pouvoir réunir, à la

frontière, quinze jours après l'ordre de mobilisation, un ensemble de forces s'élevant à 447,000 hommes avec 1,194 pièces d'artillerie. Ces 447,000 hommes, destinés à marcher en première ligne, avaient été formés en trois armées distinctes qui devaient opérer conjointement, aussitôt après leur concentration dans les provinces rhénanes, d'après le plan arrêté par leur état-major. Les premiers rassemblements de ces armées devaient s'opérer dans les grandes forteresses du Rhin, à Cologne, à Coblentz, à Mayence, etc., puis à Trèves, à Manheim et Rastad, et, de ces points, se porter ensuite à la frontière, vers la Sarre et la Lauter, de la manière suivante:

La 1ʳᵉ armée (général en chef de Steinmetz) qui était leur armée de droite, composée des 7ᵉ et 8ᵉ corps d'armée prussiens, etc., devait remonter les vallées de la Nahe et de la Moselle, pour aller se concentrer sur la Sarre, entre Sarrelouis et Saarbrük. Son effectif comptait 61,000 hommes et 180 canons.

La 2ᵉ armée, armée du centre (commandant en chef le Prince Frédéric-Charles), composée des 3ᵉ, 4ᵉ, 9ᵉ et 10ᵉ corps d'armée prussiens, plus celui de la Garde royale, etc., devait se porter vers la Sarre pour se concentrer et s'établir devant la ligne de Saarbrük-Sarreguemines; son effectif était de 206,000 hommes avec 524 canons.

La 3ᵉ armée, armée de gauche, sous le commandement en chef du Prince royal de Prusse et formée des 5ᵉ et 11ᵉ corps prussiens, du corps d'armée mixte bado-wurtembergeois-bavarois, etc., devait se porter du Rhin supérieur allemand dans le Palatinat, pour aller prendre position sur

la Lauter. Son effectif comptait 180,000 hommes avec
480 canons.

Le 4 août, les Prussiens avaient déjà pu réunir, sur la
rive droite de la Sarre 180,000 hommes faisant partie de
leurs Ire et IIe armées. En face de ces 180,000 hommes,
l'armée française avait réuni 147,730 hommes ; ce n'était
qu'un écart de 32,270 hommes au profit des Prussiens.
Mais il ne faut pas oublier que l'écart était, en réalité,
bien plus considérable ; j'ai dit, plus haut, que l'effectif
prussien ne comptait que des combattants, tandis que
l'effectif français comptait des rationnaires. Si l'on estime
que, dans un nombre donné de rationnaires, les non-
valeurs ou non-combattants figurent pour un quart, on en
déduira que, le 4 août, la disproportion des forces entre
les deux armées était considérable, près de 69,000 hommes,
en faveur des Prussiens.

Il faut ajouter que, s'ils l'avaient voulu, les Prussiens
eussent pu concentrer sur la Sarre, avant cette date, plus
de 180,000 hommes ; car le corps d'armée de la Garde
royale était tout entier réuni à Manheim le 1er août, et en
trois jours ils auraient pu augmenter de 30,000 hommes
l'effectif de l'armée établie derrière la ligne Sarreguemines - Saarbrük - Sarrelouis, ce qui l'aurait porté à
210,000 hommes.

Devant la portion de l'armée française qui était sur les
Vosges, les Allemands étaient, le 4 août, en mesure de
réunir 135,000 hommes, en concentrant ceux de leurs
corps d'armée qui se trouvaient déjà, à cette date, très
rapprochés de la frontière. Le 1er corps d'armée français

pouvait leur être opposé immédiatement; mais il ne comptait que 43,800 hommes à son effectif, c'était, de ce côté, un écart de 91,200 hommes entre les forces allemandes et les nôtres. Il est bon de faire remarquer que le maréchal de Mac-Mahon aurait pu réunir sur les Vosges 61,800 hommes; car du 1er au 3 août au soir, il lui était possible de faire venir à lui le 7e corps d'armée, tel qu'il était composé en ce moment, 18,000 hommes environ. Car bien que ce corps n'eût point encore été rallié par la brigade d'infanterie, venant de Rome, il n'en avait pas moins une division entière à Colmar, et trois brigades sous Belfort. Par malheur, on ne se pressa pas assez de lui faire quitter sa position, pour lui faire rallier le 1er corps.

Ajoutons encore qu'il eût été loisible aux Allemands, de réunir en face du maréchal de Mac-Mahon, non pas 135,000 hommes, mais 165,000; car, ainsi que je l'ai dit déjà, le corps de la Garde royale prussienne pouvait être également porté, du 1er au 3, vers Wissembourg. Il est vrai de dire que ce corps ne faisait point partie de la IIIe armée allemande, mais bien de la IIe; mais l'état-major prussien ne se serait pas arrêté devant une pareille difficulté, s'il avait reconnu que la mesure fût commandée par les circonstances. Il est plus que probable que cet état-major ne laissa si longtemps la Garde à Manheim, que pour se ménager la possibilité de pouvoir appuyer avec elle, soit leur IIe armée, soit leur IIIe; mais seulement au cas ou l'une au l'autre aurait besoin d'être renforcée. On en avait constitué, comme cela devait être, une réserve toute prête pour parer aux événements.

Dans la nuit du 2 au 3 août, et dans la matinée suivante, l'Empereur reçut de divers points de la frontière,
et notamment de Thionville, des avis qui étaient contra-
dictoires. Les uns l'informaient que de grandes concentrations de troupes prussiennes s'opéraient près de Sierk
et de Sarrelouis, et que l'ennemi, suivant toutes les
apparences, allait franchir la frontière sur l'un ou l'autre
de ces points, peut-être sur les deux à la fois. Les autres
affirmaient que ni à Sierk, ni à Sarrelouis, il n'y avait de
forces ennemies considérables. Les renseignements qui
inspiraient le plus de confiance étaient ceux du chef de
gare de Thionville, qui s'étant mis en correspondance
suivie avec ses collègues de la voie ferrée du Luxembourg, recevait de ces derniers, des avis puisés à de
bonnes sources. On pouvait aussi ajouter foi aux rapports
qui étaient envoyés fréquemment au grand quartier général par le colonel Tournier, commandant de la place de
Thionville, officier d'un esprit calme et intelligent, qui
n'était pas homme à s'émouvoir de l'apparition de quelques uhlans aux environs de la place dont il avait la
garde.

Quoi qu'il en soit, comme les avis et les rapports étaient
loin de concorder entre eux, l'Empereur voulant être
mieux fixé, envoya, le 3, à Boulay, le colonel d'Ornant,
aide de camp du major général de l'armée, auprès du
général de Ladmirault, commandant du 4ᵉ corps, qui avait
son quartier général établi dans cette localité.

Le colonel devait communiquer au général tous les avis

reçus par l'Empereur, en lui faisant remarquer que, non seulement ils ne concordaient pas entre eux, mais qu'ils étaient encore en contradiction avec les rapports qu'il avait envoyés lui-même au grand quartier général. Il devait lui faire connaître que, quelle que pût être en ce moment son opinion sur ce qui se passait alors chez les Prussiens, devant l'un des points de la frontière, qui était si rapprochée de lui, l'objet essentiel de sa mission était de l'inviter, au nom de l'Empereur, à se tenir en garde contre une attaque que l'ennemi, concentré sur Sierk et Sarrelouis, pouvait tenter contre son corps d'armée.

En quittant Boulay, le colonel d'Ornant, conformément à l'ordre qu'il en avait reçu, se rendit à Saint-Avold et y vit le maréchal Bazaine, commandant le 3ᵉ corps d'armée. Il lui communiqua également tous les avis venant de la frontière, reçus pendant les vingt-quatre heures qui venaient de s'écouler.

Dans la soirée du même jour, 3 août, l'Empereur ayant reçu de nouveaux renseignements, beaucoup plus précis et plus menaçants, décida que je me rendrais, à mon tour, auprès du général de Ladmirault, pour lui porter l'ordre d'arrêter immédiatement ses mesures pour l'exécution des mouvements suivants :

Le commandant du 4ᵉ corps porterait ses troupes en avant, pour les rapprocher de la frontière, afin de les tenir mieux prêtes à répondre à une attaque soudaine de l'ennemi, qui pouvait déboucher de Sierk et de Sarre-louis, pour se porter sur le 4ᵉ corps, et flanquer peut-être ainsi une attaque plus sérieuse que des forces ennemies, plus considérables, pouvaient diriger contre le 2e corps, vers Saarbrük.

En même temps que le 4e corps changerait de position, son général commandant le relierait plus étroitement avec la gauche du 3e. Je devais prévenir le général Ladmirault qu'en vue de relier même entre eux les 4e et 3e corps, une des divisions de ce dernier, la division Decaen, serait portée le lendemain matin à Reterchen. Je devais l'informer aussi que la Garde impériale qui était à Metz, irait prendre position à Boulay, dans la matinée du 4, pour y former une réserve prête à appuyer les 3e et 4e corps.

J'arrivai à Boulay dans la soirée, et pour se conformer aux instructions que je lui avais apportées, le général Ladmirault arrêta, sur-le-champ, que les troupes de son corps d'armée auraient à exécuter, le lendemain matin, les mouvements suivants :

1° La 1re division (général de Cissey) porterait une de ses brigades devant Sierk, de manière à l'y faire arriver à dix heures du matin; l'autre brigade à Calmon;

2° La 2e division (général Granier) se rendrait, de son côté, à Coume et à Teterchen; mais la brigade envoyée à Teterchen, irait occuper Freistroff sitôt que la division Decaen serait arrivée elle-même à Teterchen ;

3° La 3e division (général de Lorencez) irait s'établir tout entière à Bouzonville où se porterait aussi le quartier général, les réserves et la cavalerie du corps d'armée.

Pendant que le général Ladmirault arrêtait ces dispo-

sitions, le maréchal Bazaine et le général Bourbaki prenaient les leurs.

Le 4 au matin, quand déjà les mouvements ordonnés
dans le 4e corps étaient en voie d'exécution, j'adressai à
l'Empereur et au major général le télégramme suivant :

« De Boulay, 10 heures du matin.

« Rien à ajouter aux renseignements qui ont dû être
donnés par le colonel d'Ornant. Le général de Ladmirault
quitte Boulay pour aller établir son quartier général à
Bouzonville. Les dispositions qu'il a prises, lui donnent
une confiance absolue. Au moment de monter à cheval,
il vient de recevoir le télégramme que l'Empereur lui a
adressé à huit heures dix-sept minutes. Il me charge de
faire savoir à Sa Majesté, qu'il exécutera les ordres, en
ce qui concerne Sierk. Dès qu'il aura pu reconnaître que
le débouché de Sierk n'est pas menacé, il portera, vers la
droite, la brigade qu'il a envoyée, afin de se donner le
moyen de présenter le plus de monde possible devant
Sarrelouis. »

CHAPITRE XVII

Wissembourg.

———

Je viens de faire voir quelle était la situation des armées françaises et allemandes le 4 août 1870. J'ai indiqué les mouvements qui furent exécutés, ce jour-là, par le 4ᵉ corps d'armée français, par la division Decaen, du 3ᵉ corps, et par la Garde impériale. Je reprends le récit des événements là où je l'ai laissé après la journée de Saarbrük.

Le 1ᵉʳ corps d'armée était, le 4 août, disposé de la manière suivante :

La 1ʳᵉ division (général Ducrot) . . . . à Limbach.
La 2ᵉ division (général Abel Douay). . . . . . . sous Wissembourg.
La 3ᵉ division (général Raoull). . . . . à Reichshoffen.
La 4ᵉ division (général de Lartigue). . . . . . . à Haguenau.

La division de cavalerie (général Duhesme), une des brigades avec la division Douay, au Goisberg, sous Wissembourg ; une autre brigade à Soultz et Seltz ; la 3ᵉ à Haguenau.

à Haguenau.
à Soultz et au Geis-berg.

La division de cavalerie de réserve (général
de Bonnemains)........................... à Brumath.
Le quartier général et les réserves du corps
d'armée........ .... à Haguenau.

La division Abel Douay, qui était détachée en avant de
la ligne occupée par les autres divisions du 1.ᵉʳ corps
d'armée, formait, sous Wissembourg, une forte avant-
garde de ce corps, qui, suivant les projets du maréchal de
Mac-Mahon, devait, au premier jour, prendre l'offensive,
en franchissant la frontière, et se portant au-devant de
l'ennemi, dans le Palatinat.

De la division Douay aux divisions qui se trouvaient
en arrière d'elle, la distance était de 20 kilomètres, ce qui
représente, en moyenne, une journée de marche.

Quelque impatient que se montrât le maréchal de Mac-
Mahon d'en venir aux mains avec les forces allemandes
qu'il avait devant lui, il reconnaissait, comme l'Empereur,
à quelles difficultés il pouvait s'exposer, s'il commençait
les opérations avec des troupes incomplètement organisées. D'un autre côté, le 4 août, au matin, le maréchal
croyait fermement que l'ennemi ne pouvait être en mesure
d'attaquer avant quatre ou cinq jours. Il crut, en conséquence, qu'il n'y avait aucun inconvénient à accorder aux
1.ᵉʳ et 7.ᵉ corps d'armée, un répit de deux à trois jours pendant lequel ils pourraient se compléter en hommes, et
recevoir, sinon en totalité, du moins en partie, le personnel et le matériel administratif qui leur manquait
encore. Il supposait que, passé ce délai de trois à quatre
jours, le 7.ᵉ corps, qui était échelonné sur la ligne ferrée

Belfort-Mulhouse-Colmar, pourrait facilement le rallier. Il considérait tout au moins, comme chose certaine, que la division Conseil-Duménil, qui était à Colmar, serait en mesure de se joindre au 1er corps, en deux jours, tout au plus.

Aussi le maréchal de Mac-Mahon mandait-il à l'Empereur, le 4, au matin, qu'il comptait attaquer l'ennemi, dans des conditions favorables, le 7, dans la matinée.

Le maréchal, trompé par ceux dont il tenait ses renseignements sur les forces qu'il avait devant lui, ne savait pas, quand il annonçait qu'il prendrait l'offensive le 7, que le général en chef de la IIIe armée allemande était bien plus prêt que lui-même, pour prendre l'initiative des opérations sur la Lauter.

Depuis le 3, des forces considérables, faisant partie de cette IIIe armée, se trouvaient concentrées à deux et une journée de marche de la Lauter.

En fait, le Prince royal de Prusse, prenant résolument trois jours d'avance sur le maréchal de Mac-Mahon, attaqua, le 4 au matin, la division du général Douay qui, disposée pour devenir l'avant garde du 1er corps d'armée français, n'en était plus, en ce moment, qu'un fort avant-poste.

Dans la journée du 3, le général Douay avait reçu des habitants des avis qui l'avaient inquiété. Comme momentanément il avait été placé, par le maréchal, sous les ordres du général Ducrot, il avait fait savoir à celui-ci que, s'il fallait s'en rapporter aux renseignements qu'on venait de lui donner, de très fortes colonnes ennemies étaient en

marche, venant de Landau et se dirigeant vers la frontière.

A cette communication, le général Ducrot s'empressa
de répondre que la position de Wissembourg ne devait
pas être abandonnée, et qu'il fallait y accepter le combat,
si l'ennemi venait l'attaquer.

Le lendemain, vers 9 heures du matin, la division Douay
fut, en effet, attaquée, et ne songeant qu'à exécuter les
ordres qu'il avait reçus, celui qui la commandait accepta
bravement la lutte.

La division occupait, sur la rive droite de la Lauter, et
à 3 kilomètres en arrière de Wissembourg, une bonne position défensive, sur la pente du Geisberg. Elle y avait
onze bataillons seulement, sur les treize dont elle se
composait; deux de ses bataillons avaient été détachés à
Wissembourg, pour mettre cette ancienne forteresse dé-
mantelée en état de défense. Avec ses onze bataillons, elle
avait, sur le Geisberg, trois batteries, dont une de canons
à balles, et une brigade de cavalerie légère.

Dans la nuit du 3 au 4, et dans la matinée du 4, le général
Douay avait fait faire, par sa cavalerie, des reconnaissances,
en avant du Geisberg; et les officiers, qui en avaient été
chargés, étaient rentrés à son camp, lui rendant compte
que l'ennemi ne se montrait d'aucun côté. Il avait, dans la
campagne, des agents secrets, qu'il avait chargés de surveiller les mouvements des troupes allemandes; et pourtant, chose incroyable pour les gens du métier, il ne
connut la marche de l'ennemi sur lui, qu'au moment même
où il était attaqué. Que dire de la manière dont ses officiers

de cavalerie avaient exécuté leurs reconnaissances? Ils
l'induisirent dans une telle erreur, qu'au moment où il vit
se dessiner, à l'horizon, les colonnes allemandes qui s'a-
vançaient vers lui, il imagina d'abord qu'il ne s'agissait que
de simples détachements qui venaient reconnaître la position française pour rebrousser chemin en suite. Bientôt il
lui fallut se rendre à l'évidence; c'était bien à une attaque
en règle qu'il avait à répondre; de plus, cette attaque
était exécutée par des masses profondes.

Les bataillons français, surpris, se précipitèrent sur leurs
faisceaux, et se formèrent, en toute hâte, sur leur ligne de
bataille, laissant, sur le terrain, leurs tentes et leur matériel de campement. Le combat s'engagea.

Le cadre que j'entends donner à mon récit, ne me permet
pas de raconter ici les différentes phases de cette lutte, qui
ne dura pas moins de quatre heures, pendant lesquelles
nos soldats opposèrent aux Allemands la résistance la plus
héroïque. Écrasés sous le nombre, les bataillons du général
Douay se replièrent sur Soultz et Haguenau; leur brave
général était tombé mortellement frappé pendant le combat.

Ce fut sous Wissembourg que, pour la première fois,
les Prussiens firent une application de ce nouveau principe
de tactique, substitué par eux au génie du grand capitaine,
principe qui consiste à se donner par la science du calcul,
la certitude de n'arriver, sur le champ de bataille, qu'avec
des forces supérieures à celles de l'adversaire. On verra,
par la suite, qu'il ne leur arrivera pas une seule fois de
faillir à ce principe, pendant toute la durée de la guerre.

Pour attaquer une position occupée par onze bataillons,

trois batteries et une brigade de cavalerie, les Prussiens employèrent à Wissembourg, trois de leurs corps d'armée; savoir le IIe corps bavarois, les Ve et XIe corps prussiens. Pour commencer l'action, ils engagèrent d'abord une division bavaroise et une batterie de cette division; puis, ils firent appuyer ces premières forces, par la 3e division du Ve corps prussien, avec ses batteries; puis par la 41e brigade appartenant à leur 11e corps, enfin par trois régiments de cavalerie, dont deux prussiens et un bavarois. De sorte, qu'en définitive, leur attaque fut exécutée par 22 bataillons, 12 escadrons et 7 batteries comptant 42 canons. Si l'on tient compte de l'observation que j'ai faite plus haut, relativement à l'effectif du bataillon allemand, on est fondé à dire que, sur le terrain du combat de Wissembourg, il y avait, au moins, 5 soldats allemands contre 2 soldats français.

D'après les rapports officiels, la division Douay y perdit environ le huitième de son effectif; de leur côté, les Allemands y eurent, en tués ou blessés, 700 hommes dont 76 officiers.

La retraite du petit corps français s'effectua d'ailleurs en si bon ordre, et avec une si belle contenance, que la cavalerie allemande ne lui enleva ni un homme ni un canon.

Après l'événement, on s'est demandé ce qui avait pu s'opposer à ce que la division Ducrot, qui était à Limbach, ne se portât pas au secours de la division Douay. La réponse était facile à donner pour tous ceux qui étaient à Limbach le 4 août. Ce ne fut qu'au moment où l'on en-

tendit la forte canonnade qui venait du Geisberg que
l'on y acquit la certiude qu'une action très vive s'engageait de ce côté. Jusque-là quelques coups de canon
marqués par des intermittences assez longues, avaient fait
croire à une affaire de peu d'importance. Quoi d'étonnant
qu'on en jugeât ainsi à Limbach, quand au Geisberg même,
à la première apparition des colonnes allemandes, on
n'avait pas imaginé que l'on fût en présence d'une attaque
sérieuse.

Vers midi, cependant, et sur l'ordre du maréchal de Mac-
Mahon, la division Ducrot se mit en mouvement, pour se
porter sur le Geisberg; mais bientôt son avant-garde
apprenait que la division Douay, complètement battue,
avait abandonné sa position. Le général Ducrot arrêta
la marche de ses troupes. Le lendemain matin, il porta sa
division à Freschwiller, où il devait former la droite de la
position, où le maréchal avait résolu d'établir son corps
d'armée.

Limbach est à 16 kilomètres du Geisberg ; et à supposer
que la division Ducrot se fût mise en mouvement non pas
à midi, mais à neuf heures du matin, quand la canonnade
répétée du Geisberg apprit que le général Douay était
vivement engagé, cette division n'eût put arriver à destination avant deux heures de l'après-midi ; c'était trop
tard. Et en y arrivant, elle se fût trouvée fort compromise.
Évidemment le maréchal n'avait point supposé, un seul
instant, que l'ennemi pût attaquer si tôt, du côté de l'Alsace.
Ce qui le démontre surabondamment, ce sont les positions
qu'il avait fait occuper, jusqu'au 4 août, aux quatre divisions

du corps d'armée qu'il commandait. Il avait été mal renseigné par les agents secrets qui, répandus sur la frontière,
au delà de la Lauter, avaient été chargés de surveiller
attentivement les mouvements des forces allemandes, et
de les lui faire connaître.

Mieux servi par ces agents, il n'eût point, à coup sûr,
laissé la division Douay aussi en l'air. Il eût établi en
arrière, et à proximité de cette division, des troupes
prêtes à lui servir de soutien.

CHAPITRE XVIII

Projet de marche sur **Hombourg**. — L'Intendant de l'armée déclare que le pays au delà de la **Sarre** est ruiné.

La nouvelle de l'échec que nous avions subi à Wissembourg souleva une grande émotion dans l'armée du Rhin. « Décidément nous inaugurions mal la campagne, » s'écriait-on partout dans nos camps. « Il n'est que temps de marcher résolument en avant », disaient hautement officiers et soldats.

Au grand quartier général où rien dans la correspondance du maréchal de Mac-Mahon, n'avait pu faire pressentir un si triste événement, ce fut une véritable stupéfaction, suivie, tout aussitôt, d'un besoin irrésistible de prendre sur-le-champ une offensive décidée sur la Sarre. Il n'y avait plus à temporiser, proclamait-on, il fallait immédiatement prendre, par un coup d'audace, une

, revanche éclatante. Il le fallait ; car on savait dans toute l'Europe, qu'en France et surtout à Paris, on n'examinerait guère la question de savoir si la division Douay, n'avait succombé que glorieusement, sous le nombre des Allemands ; on ne jugerait que le résultat, qui était une défaite pour l'armée française.

Un instant, on parut décidé à prendre une grande résolution qui eût répondu aux désirs impérieux de l'armée.

Il s'agissait de jeter, tout de suite, deux ou trois corps d'armée sur Hombourg. La ligne d'opérations à suivre pour ces corps d'armée qui auraient compris de sept à huit divisions d'infanterie, avec des réserves d'artillerie et de cavalerie proportionnées à ces forces, devait être jalonnée par les localités suivantes : Sarreguemines, Bliescastel et Deux-Ponts.

En s'emparant de Hombourg, cette masse de troupes qui était plus que suffisante pour briser toute résistance ennemie, on était certain d'intercepter les voies ferrées qui, de Mayence, de Manheim et de Germesheim, transportaient, en ce moment, les troupes qui devaient composer les IIe et IIIe armées allemandes. On ralentissait ainsi la concentration de ces troupes ; et d'autre part, aussitôt après l'occupation de Hombourg, on pouvait tenter un coup de main sur Neunkirch, qui n'est qu'à 15 ou 16 kilomètres de Hombourg, et s'y établir solidement, pour ralentir aussi, de ce côté, les mouvements de concentration de la Ire armée allemande.

Enfin, pensait-on, cette pointe audacieuse donnerait lieu

à des combats, sinon à des batailles où l'on pourrait
espérer que les Prussiens ne seraient point les vainqueurs.
Ce projet, que l'un des aides-majors généraux avait
réussi à faire adopter par le major général, avait déjà
reçu l'approbation de l'Empereur, quand celui-ci désira,
avant de rien décider, avoir l'avis des généraux Soleille
et Coffinières, qui commandaient en chef l'artillerie et le
génie, et celui de l'intendant général Wolff, intendant
en chef de l'armée.

Les généranx Soleille et Coffinières donnèrent leur
approbation, sans réserve; mais quand l'Empereur
demanda à l'intendant général Wolff, s'il pouvait lui donner
la certitude qu'il saurait assurer la subsistance des troupes
qu'on projetait de diriger sur Hombourg, l'intendant lui
déclara que, d'après les renseignements qu'il croyait tenir
de bonne source, tout le pays situé au delà de la Sarre était
tellement épuisé par les réquisitions de l'ennemi, qu'il ne
pouvait répondre de faire vivre, si ce n'est pendant
quarante-huit heures, la partie considérable de l'armée
qu'il s'agissait de porter sur Hombourg. Il faudrait donc,
dit l'intendant, la faire suivre des approvisionnements en
vivres qui lui seraient nécessaires. Comment s'y prendrait-il pour cela, quand il se voyait déjà forcé de faire
venir de l'intérieur de la France, les vivres dont l'armée
avait besoin, et qu'il n'arrivait pas à en réunir, sous Metz.
plus de deux jours à l'avance.

L'Empereur, tout à coup, effrayé à la pensée qu'il exposerait les soldats à manquer de vivres, s'il les faisait marcher
sur Hombourg, se décida, au grand désespoir de ses lieu-

tenants, à renoncer au projet qu'il avait adopté. Un peu plus tard, on sut au quartier général, que l'intendant général de l'armée avait été trompé par des rapports entachés d'exagération. Il s'en fallait de beaucoup que le territoire allemand, au delà de la Sarre, fût aussi ruiné qu'on le lui avait dit, par les réquisitions de l'armée allemande. L'armée française y eût trouvé, sans difficultés, les moyens de pourvoir à sa subsistance.

Après la décision, si malencontreuse, de l'Empereur, mes souvenirs se reportèrent, hélas! vers 1867, époque où la France avait été menacée de la guerre, à propos de la question du Luxembourg, guerre que nous nous serions vus forcés de commencer sans avoir le moindre approvisionnement de pain biscuité dans nos magasins. Je me rappelais avec quelle activité le maréchal Niel avait alors fait fabriquer de ce pain en 1868; et la volonté qu'il avait manifestée, devant moi, d'avoir constamment, à l'avenir, à sa disposition, pour un cas de guerre éventuel, quatre millions de rations de biscuit-pain en magasin, c'est-à-dire un approvisionnement de huit à neuf jours, pour une armée de 400,000 hommes. Qu'était-il donc advenu, depuis la mort du maréchal, en août 1869, pour qu'en août 1870, on n'eût point à l'armée du Rhin, un approvisionnement de pain biscuité qui pût assurer la subsistance de 250,000 hommes pendant vingt-quatre heures.

A cette question, il n'y a d'autre réponse à faire que celle que j'ai si souvent renouvelée déjà, à propos de tout ce qui a manqué à l'armée du Rhin, aussitôt après la mobilisation. Le pain biscuité était en abondance dans nos magasins, ainsi que le maréchal Niel l'avait voulu ; il ne manquait pas plus que ne manquaient dans nos magasins centraux et nos arsenaux, les fusils, les munitions et les ustensiles et effets de campement. Mais il eût fallu que le pain biscuité pût être transporté rapidement, après la déclaration de guerre, sur les points où l'armée devait être concentrée ; et la préparation avait été si mal conçue, que les moyens de transport n'ayant pas été régulièrement assurés à l'avance, le pain biscuité n'arriva ni à Metz, ni à Strasbourg ; et il en résulta que la disette menaça nos soldats, là où l'abondance aurait dû régner dans leurs camps.

Sur un seul point donc de sa déclaration à l'Empereur, l'intendant en chef avait dit la vérité. Dès les premiers jours du mois d'août, l'administration de l'armée s'était vue condamnée à faire vivre l'armée au jour le jour, en vivres-pain. Les approvisionnements qu'elle recevait chaque jour de l'intérieur, et le pain qu'elle faisait fabriquer sur place, suffisaient juste, pour subvenir aux distributions des deux journées suivantes. L'explication complète de ce fait exorbitant a déjà été fournie : il y avait sur les voies ferrées, dans les gares, des encombrements énormes de caisses à biscuit empilées et confondues avec tout espèce de matériel de guerre ; de là des retards d'autant plus prolongés que, chaque jour, les encombrements allaient s'augmentant, et que la confusion s'y accentuait de plus en plus.

CHAPITRE XIX

Reichshoffen.

On a vu précédemment que le 3 août, l'Empereur avait
ordonné pour les 3° et 4° corps d'armée et pour la Garde
impériale, divers mouvements dans le but de mieux concentrer la portion principale de l'armée, en face de Sierk,
Sarrelouis et Saarbrük, par où une attaque paraissait imminente. Ces mouvements devaient être exécutés dans la
matinée du 4. Mais, dans cette matinée même, l'Empereur
modifia les dispositions qu'il avait arrêtées la veille. Des
avis qu'il venait de recevoir de la frontière, lui avaient
donné la conviction qu'une attaque n'était point à craindre
du côté de Sierk. Il fit arrêter le mouvement de la Garde,
déjà en marche sur Boulay, et la fit retrograder sur Metz.
Il voulait toujours avoir, autant que possible, ce corps
d'élite sous sa main, et il jugeait qu'à Metz la Garde occu-

perait, mieux qu'à Boulay, la position centrale qu'il convenait de lui assigner, comme réserve, derrière les corps d'armée disposés en première ligne près de la frontière.

Dans cette même journée du 4, je mis sous les yeux de l'Empereur, une note que j'avais rédigée, en vue de lui représenter combien il était dangereux de laisser l'armée dispersée sur un front aussi étendu, alors que les motifs qui avaient déterminé les emplacements primitifs de ces corps d'armée paraissaient ne plus exister. Je faisais allusion aux dispositions indiquées dans le plan de campagne de l'archiduc Albert, que j'ai fait connaitre dans un chapitre précédent. Il n'était que temps, disais-je dans ma note, de concentrer, au plus vite, l'armée en deux masses compactes, sinon en une seule, afin qu'elle fût mieux prête à attaquer l'ennemi ou à lui résister.

L'Empereur décida que le 3e corps d'armée irait prendre position le 5, au matin, savoir :

La division Decaen à Saint-Avold; la division Metman, à Marienthal; la division Castagny, à Puttelange; et la division de Montaudon à Sarreguemines. Il arrêta que la Garde se porterait de Metz à Courcelles, sur la route de Saint-Avold. Les 2e et 4e corps d'armée devaient se maintenir sur les positions qu'ils occupaient déjà. Quand au 5e corps, qui était à Sarreguemines (ayant à Bitche une de ses divisions, avec un régiment de cavalerie et un autre régiment de même arme à Niederbronn) ordre fut donné au général de Failly de prendre immédiatement ses dispositions pour que son corps d'armée, tout entier, pût être réuni à Bitche, le lendemain 5, au soir. Toutefois, pour que Sarre-

guemines ne pût être un seul instant dégarni de troupes,
il était prescrit au général d'y laisser une brigade d'infanterie, un régiment de cavalerie et le gros des réserves
de son corps d'armée, lesquels ne le suivraient que lorsque
la division Montaudon, venue de Saint-Avold, serait arrivée
à Sarreguemines.

L'occupation de Bitche, par le 5ᵉ corps, répondait à la
nécessité qui s'imposait d'avoir des forces plus considérables en Alsace, vis-à-vis des passages des Vosges et de
la Lauter.

De Bitche à la position occupée par le 1ᵉʳ corps, il y avait
trente kilomètres ; les 25,000 hommes du général de Failly
pouvaient se joindre aux 41,000 du maréchal de Mac-
Mahon en dix ou douze heures de marche. Malheureusement, on s'y était pris trop tard, quand on avait prescrit,
le 4 août, au général de Failly de porter le 5ᵉ corps à
Bitche, dans la journée du 5. C'était, au plus tard, dans
celle du 4, qu'il eût fallu l'y concentrer tout entier.

Le maréchal de Mac-Mahon apprit la défaite de Wissembourg dans la soirée du 4. Il en rendit compte, sur-le-champ,
à l'Empereur, en l'informant qu'il prenait des dispositions
pour accepter une bataille sur la position que son corps
d'armée occupait sur la Sauerbach, position qu'il avait parfaitement reconnue.

A la nouvelle du grave échec du général Douay, l'Empereur adressa au maréchal Canrobert, au camp de Châlons, le télégramme suivant, daté du 5, à quatre heures
vingt-cinq du matin :

« Venez, le plus tôt possible, avec vos quatre divisions à Nancy. »

A six heures et demie, il lui en expédia un autre, pour lui dire :

« A leur arrivée et pendant leur séjour à Nancy, vos divisions ne devront rien tirer pour leurs besoins, ni de Metz, ni de Strasbourg. »

A onze heures, le major général informa par télégramme le maréchal de Mac-Mahon que le 5ᵉ corps serait à Bitche dans la soirée, et que, par décision de l'Empereur, il était mis sous ses ordres. A huit heures du soir, il confirma cette disposition en télégraphiant au maréchal : « Le général de Failly, avec ses trois divisions, est à Bitche ; l'Empereur l'a mis sous vos ordres ; ma dépêche de ce matin, 11 heures, vous l'a annoncé ; l'avez-vous reçue ? »

Le maréchal de Mac-Mahon répondit qu'en effet, il avait reçu avis que le 5ᵉ corps était mis à sa disposition. A huit heures du soir, il adressa au général de Failly l'ordre *de le rallier le plus promptement possible.*

Le 5, vers cinq heures du soir, la division Douay (Abel) et la division Conseil-Duménil, du 7ᵉ corps, appelée de Colmar par le maréchal, étaient réunies à Haguenau. Le maréchal avait ainsi, sous la main, cinq divisions, dont quatre étaient intactes ; et une, la division Douay, qui était affaiblie, sans doute, mais qui était déjà assez bien reconstituée, et avait conservé un moral excellent. Si donc, à ces cinq divisions, il pouvait réunir, non point le 5ᵉ corps tout entier, mais seulement deux de ses divisions, voire même une seule, il avait quelque chance encore de pouvoir

lutter, sans trop de désavantage, contre les forces allemandes qu'il avait devant lui.

Malheureusement, pour deux motifs différents, ses espérances devaient être trompées. Le premier parce que le
5e corps ne mit pas, ou ne put pas mettre assez de diligence dans l'exécution de son mouvement sur Bitche, le
second, parce que le maréchal n'avait pas compté que l'armée allemande l'attaquerait si vite.

Des trois brigades du 5e corps, parties de Sarreguemines
le 5 au matin, pour se rendre à Bitche, deux de la division Goze, n'atteignirent pas Bitche ce jour-là; elles
s'arrêtèrent en route, par excès de lassitude, a-t-on dit,
pour y passer la nuit. La troisième, qui appartenait à la
division de Labadie, suspendit aussi sa marche à Rohrbach.
Quant à la brigade Lapasset, qui, laissée à Sarreguemines,
devait se mettre en route, sitôt qu'elle aurait été relevée
par la division de Montaudon, elle fut forcée de remettre
son mouvement au lendemain : la division de Montaudon
ne fut rendue que le 6 à Sarreguemines, au lieu d'y
arriver le 5.

Enfin la division Guyot de Lespart, du 5e corps, qui, se
trouvant le 5 au soir, à 7 kilomètres à l'ouest de Bitche,
s'était mise en marche, le 6 au matin, dans la direction
de Reichshoffen ; elle fut attaquée près de Niederbronn, suivant ce qu'a dit le général de Failly, dans son rapport, et
les deux brigades furent séparées l'une de l'autre. Celle
qui était la plus rapprochée de Reichshoffen, se jeta sur
Saverne, son général ayant jugé qu'elle ne pouvait, sans
se compromettre, ni continuer son mouvement vers le

1ᵉʳ corps, ni rétrograder sur Bitche, pour y rejoindre son propre corps.

Le maréchal de Mac-Mahon fut attaqué le 6, entre huit et neuf heures de matin, par la IIIᵉ armée allemande qui comptait 165,000 combattants, et dont 95 à 100,000 hommes furent engagés pendant la bataille. Ne pouvant opposer à l'ennemi que 5 divisions, moins de 40,000 hommes, tout ce qu'il pouvait faire, c'était de résister héroïquement. Il maintint cependant assez longtemps la victoire indécise. Mais après huit heures d'un combat acharné, ses troupes succombèrent sous le nombre des allemands et se virent forcées d'abandonner la position.

Elles succombèrent aussi sous la puissance de l'artillerie allemande, de beaucoup supérieure à l'artillerie française.

Dans le rapport que le maréchal de Mac-Mahon adressa à l'Empereur, après la bataille, et qui parvint le 7, dans la soirée, il disait, en effet, que c'était surtout l'artillerie ennemie qui, par sa grande portée et la précision de ses coups, avait écrasé ses troupes, tandis que sa propre artillerie, en raison de sa trop faible portée, n'avait pu suffisamment les protéger.

A la lecture de ce passage du rapport dans lequel le maréchal s'exprimait ainsi sur l'infériorité de notre artillerie, je ne sus point résister à un premier mouvement de colère qu'il avait suscité en moi. Je me précipitai vers la chambre où mes cantines étaient déposées; j'y pris le registre dans lequel j'avais copié en 1867, le rapport rédigé par le commandant Berge, à la suite de mes visites au polygone de Brascoët. Rentré dans le cabinet de l'Empereur, je mis ce rapport sous les yeux du major général : « Voyez, m'écriai-je, avais-je dit la vérité en 1867 ? — » Croyez-vous donc, s'écria à son tour le major général » que je ne savais pas que le canon prussien était supé- » rieur au nôtre ? Mais où donc aurais-je trouvé les fonds » nécessaires pour transformer notre artillerie ? Est-ce » que le Corps législatif aurait jamais consenti à me les » accorder ? »

Je regrettai la sortie intempestive qu'un mouvement d'emportement avait provoquée en moi ; le temps n'était plus aux récriminations. Il est certain qu'en 1867 et 1868, le Corps législatif se montrait obstinément opposé à toutes les dépenses auxquelles on lui demandait de consentir pour l'amélioration de notre état militaire ; qui pourrait dire cependant qu'il ne se serait pas montré moins inflexible, si le gouvernement lui eût dit la vérité, tout entière, sur la situation politique de la France à cette même date ?

Il ne saurait être question, pour moi, de raconter les différentes phases de la bataille de Reichshoffen. Je me bornerai à résumer ici, pour l'enseignement de ceux qui, dans l'avenir, seront appelés à commander nos armées, les fautes ou les erreurs auxquelles on peut attribuer ce désastre.

La première de ces fautes, la faute capitale, ce furent les chefs de l'armée qui la commirent. N'ayant point pris, aussitôt après la déclaration de guerre, les mesures nécessaires pour avoir la certitude d'être toujours bien renseignés, sur tout ce qui devait se passer chez l'ennemi, au delà de la frontière, ils furent, sans cesse, trompés, depuis le 1er jusqu'au 6 août, sur les concentrations et les mouvements des armées allemandes. C'est ce qui fit que l'Empereur fit attaquer Saarbrük, le 2 août, croyant que l'on y trouverait des forces considérables, tandis qu'elles étaient insignifiantes. C'est ce qui fit aussi que, sur les Vosges, le maréchal de Mac-Mahon, persuadé que jusqu'au 6 août, les Allemands n'étaient pas en mesure de l'attaquer, laissa jusqu'au 4, l'une des divisions de son corps d'armée tout à fait en l'air, et si éloignée de ses autres divisions, qu'elles ne purent lui prêter aucun appui, quand elle fut attaquée ce jour-là. Enfin ce fut la même faute qui fut cause que le 5e corps d'armée ne reçut que le 4, l'ordre de se porter à Bitche. Dès le 3 août, on aurait dû savoir, au grand quartier général, si l'on y eût été bien renseigné, que la IIIe armée allemande s'avançait, avec des forces considérables, vers la Lauter, pour attaquer notre 1er corps, et dès lors, c'est ce jour-là, que le général en chef aurait dû ordonner au général de Failly de porter le 5e corps sur Bitche, pour aller se joindre au 1er corps, dans la journée du 4.

Ce même jour du 3 août, le commandant en chef, s'il eût été bien informé, n'aurait pu ignorer que les 1re et IIe armées allemandes, étaient prêtes pour attaquer sur la Sarre. Et alors, vraisemblablement, ses dispositions eussent été prises pour concentrer, sur-le-champ, en arrière de Saarbrük, les quatre corps d'armée qui en étaient si peu éloignés. Rien de tout cela ne fut ni ordonné, ni fait, parce que le commandant en chef ignorait ce qui se pas-

sait chez les armées allemandes, aussi bien vers la Lauter,
que sur la rive droite de la Sarre.

Une dernière faute fut, peut-être, commise encore ;
celle-ci dans le 5ᵉ corps. Je dis *peut-être* parce que le
général de Failly a cherché à démontrer que le mouvement qui avait été ordonné à son corps d'armée, pour la
journée du 5 août, aurait été forcément interrompu par
une attaque de l'ennemi sur son flanc gauche près de
Niederbronn. C'était évidemment trop tardivement que le
général avait reçu l'ordre de porter son corps d'armée à
Bitche. Evidemment aussi, le mouvement à exécuter présentait quelque difficulté, puisqu'il s'agissait pour lui,
d'une marche de flanc opérée à proximité de l'ennemi.
Quoi qu'il en soit, est-il bien certain que, dans cette
marche, les divisions du 5ᵉ corps ont apporté toute la
diligence que les circonstances commandaient. Je n'oserais
me prononcer. On a vu que deux de ces divisions qui,
aux termes des ordres donnés, devaient être rendues à
Bitche, le 5 au soir, n'atteignirent point cette localité,
s'étant arrêtées en route, par excès de fatigue, a-t-on dit.
Le lendemain 6, au matin, le général de Failly fit reprendre
la marche ; mais bientôt après, il prescrivit de la suspendre, menacé qu'il était sur son flanc gauche ; et dès
lors l'opération dont on l'avait chargé, était totalement
manquée. La lumière n'a point été faite encore, du moins
que je sache, sur l'importance des tentatives d'attaque que
l'ennemi avait faites, sur le 5ᵉ corps, près de Niederbronn. Il reste toujours à examiner la question de savoir
si, en répondant à ces tentatives avec une partie de ses

forces ; en faisant avancer, en toute hâte, les divisions
Goze et Labadie, sur Niederbronn, pour y soutenir et
relever la division de Lespars, celle-ci n'eût point pu
continuer sa marche, et l'accélérer quand elle entendit le
canon de Reichshoffen, de manière à rallier le 1ᵉʳ corps
d'armée assez à temps pour prendre part à la bataille.
Qu'on se rappelle qu'au moment où cette division s'arrêta,
et où les deux brigades furent séparées l'une de l'autre, elle
n'était qu'à 7 kilomètres de Reichshoffen. La bataille n'a
pas duré moins de huit heures, et elle fut engagée entre
huit et neuf heures du matin. Une division de plus, qui
eût été jointe avant midi, aux 40,000 hommes du maréchal de Mac-Mahon, c'eût été pour celui-ci un renfort dont
il eût pu tirer un grand parti.

CHAPITRE XX

Forback. — Le maréchal Bazaine et le général Frossard

J'ai indiqué l'emplacement que chacun des corps d'armée établis devant la Sarre, occupait le 5 août. D'après les ordres donnés par l'Empereur, dans la journée du 4, la division Metman, du 3ᵉ corps, aurait dû être à Marienthal le 5, dans la matinée ; elle y arriva bien ce jour-là ; mais seulement vers cinq heures du soir.

Depuis la journée du 2, le 2ᵉ corps était demeuré en position, réuni tout entier, devant Saarbrük. Mais du 2 au 4, les forces allemandes s'étaient accrues, d'heure en heure, sur la rive droite ; et dès lors ce corps d'armée se trouvait menacé d'une attaque de l'ennemi qui, d'après les renseignements, paraissait se disposer à déboucher à la fois de Saarbrük et de Sarrelouis. On ne pouvait sans danger, le laisser exposé à cette double attaque dans l'état d'isolement où le plaçait la trop grande distance qui le séparait des 3ᵉ et 4ᵉ corps.

Aussi l'Empereur fit-il expédier au général Frossard par dépêche télégraphique datée du 5 août, à dix heures dix minutes du matin, l'ordre de replier son corps d'armée de Saarbrük sur Forback.

Le même jour, l'Empereur envoya au maréchal Bazaine, à une heure de l'après-midi, un télégramme l'informant qu'il lui confiait le commandement direct des 2ᵉ, 3ᵉ et 4ᵉ corps. Après la réception de ce télégramme, le maréchal prescrivit, dans la soirée, au général Frossard, de faire quitter à son corps d'armée la position de Saarbrük, ordre que le général exécuta dans la nuit du 5 au 6 ; il fit occuper, à ses troupes, sur les hauteurs qui dominent Forback, à 5 ou 6 kilomètres en arrière de Saarbrük, une position présentant, au point de vue défensif, les conditions les plus favorables.

Il établit le centre de ses forces à Spikeren ; leur droite, vers Caderborn, leur gauche, à Stiring. Son corps d'armée se trouvait ainsi rapproché des divisions Metman et Castagny du 3ᵉ corps ; la première était à Bening-Merlebach, bifurcation des chemins de fer de Forback et de Sarreguemines, la seconde à Puttelange ; l'une à 15 kilomètres, l'autre à 20.

Le général Frossard connaissait parfaitement la position de Spikeren ; il l'avait visitée et parfaitement étudiée en 1867. Il était convaincu que son corps d'armée y serait inexpugnable, pourvu que l'ennemi ne vint pas l'attaquer avec des forces démesurément supérieures.

Il se disait que, dans le cas le plus défavorable, celui
où les Prussiens l'aborderaient, ayant pour eux, la supériorité du nombre, le succès ne lui serait pas moins
assuré, parce que les divisions Metman et de Castagny, se
porteraient résolûment en avant, pour venir appuyer le
2ᵉ corps sitôt qu'elles entendraient son canon. Le général
Frossard se disait, sans doute, encore, qu'il pouvait
compter sur la division de Montaudon, qui se trouvait à
Sarreguemines, à 14 kilomètres de sa droite.

Ce n'est pas tout encore ; la division Decaen était à
Saint-Avold, avec le quartier général, à 16 kilomètres de
Forback. Une brigade d'infanterie pouvait être portée, en
une heure, de Saint-Avold à Stiring ; une division, en
deux heures et demie, si l'on recourait, pour leur transport, au chemin de fer qui passe par ces deux localités.

Il ne fallait donc qu'un ordre du maréchal Bazaine pour
qu'en moins de trois heures, la division Decaen pût être
rendue à Stiring et y appuyer la gauche du 2ᵉ corps.

De ce qui précède, on est en droit de conclure, me
parait-il, que les espérances ou les prévisions du général
Frossard étaient parfaitement fondées, quand il s'imaginait que si son corps venait à être attaqué, il ne se verrait
pas condamné à résister seul aux efforts des Allemands ;
mais qu'il serait soutenu, en temps utile, par le 3ᵉ corps
d'armée.

Et cependant toutes ces prévisions devaient être dé-
jouées. Le corps d'armée du général Frossard, après une
lutte de plusieurs heures, succomba sous le nombre,
parce que les divisions du 3ᵉ corps ne firent rien de

ce qu'elles devaient et pouvaient faire pour l'appuyer.

Dans la nuit du 5 au 6, l'Empereur invita par télégramme, le maréchal Bazaine et le général Frossard à se trouver le 6, à une heure de l'après-midi, à la gare de Saint-Avold, où il devait se rendre lui-même accompagné du major général de l'armée. En désirant voir le maréchal, l'Empereur voulait savoir de lui, les dispositions qu'il avait déjà dû arrêter pour une bataille qui paraissait être imminente. Il voulait aussi aller près de lui, appuyer ces dispositions, de sa haute approbation, comme témoignagne de sa confiance et de ses encouragements. Mais dans la nuit, l'Empereur apprenant, tout à coup, par des dépêches venues de la frontière, qu'une attaque de l'ennemi paraissait trop prochaine, pour que le général Frossard pût quitter un seul instant son poste de Forback, il contremanda son invitation. A quatre heures quarante du matin, il prescrivit au général de rester à son poste, et de se tenir prêt à repousser une attaque qui pouvait avoir lieu dans la jonrnée. Il fit, à la même heure, donner le même avis au maréchal Bazaine. Quelle était alors, la situation des Allemands, concentrés à proximité du 2e corps d'armée français ?

Le 6 août, au matin, les VIIe et VIIIe corps prussiens étaient massés à 15 ou 16 kilomètres au nord de Saarbrük, ayant leurs avant-postes à Saarbrük même. Ces deux corps représentaient, ainsi que je l'ai dit, la Ire armée allemande. La IIe armée avait fait jonction avec elle; car une de ses têtes de colonne, appartenant au IIIe corps prussien, était à Neukirchen, avec le quartier général de ce corps. Le IV⁰ corps était à Deux-Ponts, à 20 kilomètres de Neukirchen ; les 5⁰ et 6⁰ divisions de cavalerie (de la II⁰ armée) battaient le pays sur toute la rive droite de la Sarre, de Saarbrük à Sarreguemines, et à l'est de ce point vers Bitche.

Derrière ces premières forces de la II⁰ armée, le X⁰ corps prussien était à Saint-Wendel ; le XII⁰ à Kayserlauten, et le quartier général de cette armée à Hombourg. Comme on voit, les I⁰ et II⁰ armées étaient prêtes pour une action commune sur la Sarre, et le point indiqué pour l'engagement devait être Saarbrük.

Le 6, au matin, les commandants des corps allemands ayant leurs avant-postes à Saarbrük, ne savaient pas qu'il dût y avoir bataille, ce jour-là, en avant de ces avant-postes.

Rien, du moins, n'avait été arrêté ni par eux, ni par l'état-major prussien, pour une attaque prochaine. C'était le 7 seulement qu'ils devaient prononcer leur mouvement offensif, contre le 2ᵐᵉ corps français.

Mais tout à coup, dans la matinée, les généraux, qui sont devant Saarbrük, s'aperçoivent que les Français viennent d'abandonner leur position et se portent en arrière dans la direction de Forback. Ils voient, dans ce mouvement rétrograde, un indice d'affaiblissement moral et par conséquent une occasion favorable qui se présente à eux, pour attaquer leur arrière-garde. Pour ne pas la laisser échapper, sans se donner le temps de prendre les ordres de leurs chefs directs, ils se jettent résolûment, avec toutes les troupes qu'ils ont sous la main, dans les traces de cette arrière-garde. Entre huit heures et demie et neuf heures, ils engagent l'action avec elle.

Leur commandant de corps d'armée, prévenu de ce qu'ils ont cru devoir faire de leur propre mouvement, loin de songer à les blâmer et à arrêter leur marche, ne pense qu'à mettre à profit leur audacieuse initiative ; et à l'instant même, sur sa proposition, toutes les dispositions sont prises d'urgence, dans la 1re armée comme dans la 11e, pour que les forces qui viennent d'être engagées accidentellement (14e division d'infanterie et 5e division de cavalerie) soient énergiquement appuyées. Les divisions de trois corps d'armée se portent, en toute hâte, sur le terrain où la lutte est engagée et toutes les trois y prennent une part active.

La succession des efforts de ces trois corps d'armée, régularisée par une entente parfaite entre tous les généraux qui les commandent, assure la victoire de leur côté ; tandis que le manque absolu d'action commune chez les généraux français, décide de leur défaite, comme je vais essayer de le démontrer. Il ne peut être question pour moi, de raconter ici les phases si diverses et si émouvantes de la bataille de Spikeren. Des officiers qui y ont assisté les ont déjà décrites dans leurs plus petits détails. Ce que je veux constater, c'est l'abandon dans lequel le 2e corps de l'armée française fut laissé, le 6 août 1870, pendant huit à neuf heures d'une lutte acharnée, soutenue contre des forces allemandes trois fois supérieures aux siennes, et cela par la faute ou l'indifférence des chefs de l'armée qui auraient dû se porter à son secours avec les troupes dont ils disposaient. Dans toute l'armée, ce fut un cri unanime de réprobation contre ces chefs, quand on y apprit le désastre de Spikeren. « Si nous avons été vaincus, s'écriait-on de toutes parts, c'est que celui qui avait le commandement des forces françaises disposées pour repousser l'ennemi, à Spikeren, est demeuré, pendant de longues heures, sourd à tous les appels de la victoire, quand il n'avait qu'à faire marcher ses troupes pour la fixer de nos côtés. Ah! si le maréchal Bazaine, disait-on, au lieu de demeurer impassible et inerte, à son quartier général de Saint-Avold, quand il apprit *que son lieutenant* était attaqué sérieusement, s'était porté tout aussitôt sur le champ de bataille, comme c'était son devoir, on peut croire que son expérience de la guerre et le souci de sa haute responsabilité lui eussent bien vite démontré que les divisions du 3ᵉ corps ne devaient point toutes conserver, trois heures durant, leur attitude passive et expectante. Il aurait ordonné à quelques-unes de ces divisions, sinon à toutes les quatre, de marcher au canon du général Frossard et, avec l'appui de ces divisions, il eût certainement triomphé des Allemands. Au lieu de cela, le maréchal Bazaine s'était contenté de faire porter, dans la matinée, une des brigades de la division Metman à Mittemberg près de Macheren ; et à dix heures du matin, la deuxième brigade avait reçu l'ordre de rallier la première, et la division tout entière avait gagné Bening, où elle était arrêtée à trois heures de l'après-midi. Mais elle y resta jusqu'à sept heures et demie au lieu de poursuivre sa route sur Forback. »

Pour démontrer qu'il n'y avait rien d'exagéré dans l'expression des reproches adressés par l'armée au maréchal Bazaine, il suffit d'exposer la correspondance qui fut échangée entre le maréchal et le général Frossard, depuis le commencement jusqu'à la fin de la bataille.

Qu'on n'oublie pas, tout d'abord que, le 5 août, l'Empereur avait placé le 2ᵉ corps sous le commandement du maréchal Bazaine et que dans la nuit du 5 au 6, il avait informé le maréchal qu'une attaque du 2ᵉ corps était imminente, et l'avait invité à prendre des dispositions en conséquence. Depuis le 5 août donc et pour la journée du 6, c'était au maréchal Bazaine seul qu'incombait la direction des opérations des 2ᵉ et 3ᵉ corps pendant la bataille à laquelle on s'attendait.

Cette bataille s'engage le 6, vers huit heures et demie du matin. Le général Frossard, comme son devoir de subordonné lui commande de le faire, en informe le maréchal par ce télégramme expédié à neuf heures dix minutes : « J'entends le canon à mes avant-postes et je vais m'y porter. — Ne serait-il pas bien que la division Montaudon envoyât de Sarreguemines, une brigade vers Grosbliederstroff ? et que la division Decaen se portât en avant vers Merlebach et Rosbrük ? » — Comme on le voit, le général Frossard désigne dans son télégramme, les divisions du 3ᵉ corps qui sont le plus rapprochées de lui. La brigade de la division Montaudon pouvait atteindre Grosbliedersdorf en deux heures et demie. La division Decaen pouvait se rendre de Saint-Avold à Merslebach en une heure et demie, par chemin de fer.

Et le maréchal Bazaine ne quitte pas Saint-Avold pour se

rendre auprès du général Frossard, là où était sa place de commandant en chef. Il ne prend ancune disposition à l'égard des troupes dont le commandant du 2e corps lui parle dans son télégramme. Il ne répond même pas à cette dépêche.

A dix heures et demie, le général Frossard expédie au maréchal ce nouveau télégramme :

« On me prévient que l'ennemi se présente à Rosbrük et à Merlebach, c'est-à-dire derrière moi. Vous devez avoir des forces de ce côté. »

A onze heures et quart, le maréchal répond au général :

« Quoique j'aie peu de monde dans la main, pour garder la position de Saint-Avold, je fais marcher la division Metman sur Macheren et Béning, la division Castagny sur Farschwiller et Théding. Je ne puis faire plus. »

Comme on le voit, quand la bataille est vivement engagée à Spikeren, ce dont le maréchal ne peut douter, c'est la position de Saint-Avold (à 20 kilomètres en arrière) qui préoccupe surtout le maréchal, et qu'il veut garantir. Ne serait-on pas tenté de penser que, dans ces derniers mots de son télégramme, « je ne peux faire plus », le maréchal Bazaine n'a dissimulé qu'à moitié ce qui est au fond de sa pensée, « que le corps du général Frossard succombe, s'il ne peut se défendre tout seul ; je ne ferai rien de sérieux pour aller à son secours. »

A deux heures de l'après-midi, comme pris de remords,

le maréchal envoie au général Frossard un télégramme dans lequel il lui dit : « Je fais partir la division Montaudon pour Grosbliederstroff ; la brigade de dragons marche sur Forback ». Cette brigade était à Saint-Avold.

Vers cinq heures, le général Frossard, après avoir jusque-là inutilement demandé des renforts, s'adresse d'urgence au commandant de la division du 3ᵉ corps qui a dû recevoir du maréchal, vers onze heures et demie, l'ordre de se porter sur Béning, à proximité de Spikeren et de Forback, et il lui fait cet appel pressant : « Si le général Metman est encore à Béning, qu'il parte immédiatement pour Forback. »

A cinq heures et demie, il envoie encore à son général en chef, ce télégramme alarmant : « Ma droite, sur les hauteurs, a été obligée de se retirer. Je me trouve gravement compromis ; envoyez des troupes très vite et par tous les moyens. »

Enfin à cinq heures quarante minutes, il lui adresse ce dernier télégramme : « La lutte, qui a été très vive, s'apaise, mais elle recommencera sans doute demain. Envoyez-moi un régiment. »

La division Metman était arrivée à Béning à trois heures de l'après-midi. Ce fut à sept heures et demie seulement qu'elle se mit en marche pour gagner Forback. Elle y arriva quand le 2ᵉ corps tout entier était déjà en pleine retraite. Après avoir passé la nuit au bivouac, en arrière des hauteurs de Forback, elle en partit le 7 à quatre heures du matin et gagna Puttelange.

A cinq heures, s'il avait mieux apprécié sa situation, le

général Frossard, au lieu de dire à son général en chef, *la lutte recommencera, sans doute, demain,* aurait pu lui annoncer qu'il ne pouvait plus songer, pour son corps d'armée, qu'à une retraite honorable. Son corps d'armée avait été écrasé par des forces trois fois plus considérables que celles qu'il avait pu présenter à l'ennemi, et aucune des divisions du 3ᵉ corps n'était venue lui prêter son appui. Le général en chef, le maréchal Bazaine, n'avait pas paru sur le champ de bataille. — Avant la bataille, il avait fait acte de commandement, en ordonnant au général Frossard de replier son corps d'armée et de le porter de Saarbrük sur une position plus en arrière. — Pendant la bataille, qui dura de neuf heures du matin jusqu'à cinq heures quarante minutes, il s'était borné à adresser de Saint-Avold, au général Frossard, les télégrammes que j'ai rapportés plus haut. Est-ce là ce que l'Empereur devait attendre de lui, après lui avoir donné le commandement des 2ᵉ et 3ᵉ corps en vue d'une bataille imminente.

En abandonnant la position de Spikeren, le 2ᵉ corps d'armée commença, dans la nuit du 6 au 7, son mouvement de retraite, en se portant vers Sarreguemines (on ne saurait dire pour quel motif le général Frossard lui fit prendre cette direction). Il le continua dans la journée du 7, pour aller se reconstituer à Puttelange. Ce fut alors seulement que l'on put constater les pertes énormes que le feu de l'ennemi lui avait fait éprouver. Il avait perdu près du quart de son effectif en hommes tués, blessés sur le champ de bataille ou disparus pendant et à la suite de la lutte.

Après la bataille de Spikeren, on a beaucoup discuté, dans l'armée du Rhin, la question de savoir si les commandants des divisions du 3ᵉ corps, n'auraient pas dû, en raison des faibles distances qui les séparaient du 2ᵉ, vers le milieu de la journée, se porter résolument au secours de ce dernier, sans attendre d'ordres directs du général en chef, dès l'instant où la canonnade très vive partant de Spikeren, leur démontra que le 2ᵉ corps était vivement engagé. Cette question était-elle sérieusement controversable ? Est-ce que depuis Waterloo, ce n'était point un principe considéré comme axiome, que tout général, en présence de l'ennemi, doit marcher, sans hésitation, au canon, pour soutenir un de ses frères d'armes compromis, à moins que pour des motifs qu'il peut ignorer, son général en chef lui ait donné un ordre formel de demeurer cloué sur place. Il n'était pas, dans nos écoles, un seul livre traitant de la guerre, qui ne proclamât la nécessité d'obéir à cet axiome. Et de fait, que peut risquer le général qui s'y conforme ? De deux choses l'une : ou bien son initiative sera suivie d'un résultat heureux, et alors ce sera tout profit pour l'armée à laquelle il appartient, et grand honneur pour lui ; ou bien l'intervention de ses troupes, sur le lieu de l'action, n'amènera pas le succès qu'il en attendait, il aura peut-être même compromis ces troupes. Mais songera-t-on jamais à lui faire un reproche du mouvement généreux qui l'aura décidé à se porter au secours d'un collègue engagé avec l'ennemi ? Si j'avais à donner une démonstration de ces vérités, où la trouverais-je plus saisissante, que dans la conduite des généraux com-

mandant les corps de la IIe armée allemande, quand ils
apprirent le 6 août, dans la matinée, que leurs généraux
de Rheinbahen et de Kamecke, leurs subordonnés, venaient
de s'engager avec l'arrière-garde du 2e corps français,
quittant Saarbrük ?

Dans l'armée française, tous les officiers n'avaient pas
oublié les vrais principes ; après le 6 août, j'ai appris de la
bouche de plusieurs d'entre eux, qui appartenaient à la
division Metman, si près du 2e corps pendant la bataille,
le désespoir qu'ils avaient éprouvé, en voyant que celui
qui les commandait se refusait obstinément à marcher en
avant, et cela *uniquement* parce que le général en chef ne
lui en avait pas donné l'ordre.

Après la bataille, on a soulevé, dans l'armée, une autre
question. Quelques-uns ont osé avancer que le général
Frossard, espérant être victorieux, avec les seules forces
de son corps d'armée, n'avait pas voulu qu'ont vînt les
soutenir pendant la lutte, afin de s'assurer mieux par
un succès, qui serait dû à lui personnellement, le bâton
de maréchal qu'il convoitait ardemment. Les dépêches au
maréchal Bazaine pendant la bataille, sont là pour répondre
à l'infamie d'une pareille allégation. La calomnie alla plus
loin. Parmi ceux qui attaquèrent la réputation du général,
il y en a qui allèrent jusqu'à mettre en suspicion, son courage de soldat, insinuant qu'il n'avait pas paru sur le
champ de bataille, et que pendant toute la durée de la
lutte, il était demeuré à son quartier général de Forbach.
Pour repousser cette ignoble calomnie, je ne puis mieux
faire que d'invoquer ici la parole de celui qui était assuré-

ment mieux placé que personne pour savoir où se trouvait le général pendant toute la journée du 6 août, celle du général Saget, son chef d'état-major, qui a assisté à la bataille, et m'a affirmé y être resté constamment attaché aux pas de son général.

Il n'est pas impossible que, pendant la bataille, on ait pu voir le général à son quartier général de Forbach. En quelques minutes, il pouvait se transporter, au galop de son cheval, de Spikeren à Forbach, dans un moment où il avait à y donner des ordres, ou prendre certaines dispositions. Mais inférer de là qu'il n'a pas paru sur le champ de bataille, ce serait monstrueux. Les accusateurs du général ne l'avaient assurément jamais vu à la guerre, sans quoi ils auraient su que sa qualité maîtresse, qualité poussée chez lui jusqu'à devenir parfois compromettante, il l'avait bien montrée en Italie. Son courage personnel ne connaissait ni les obstacles ni les dangers. Son caractère, toujours élevé, commandait naturellement l'estime ; mais il était un peu rude et sévère, ce qui faisait que, parmi ses camarades de l'armée, il s'en trouvait plus d'un dont il ne sut jamais se concilier les sympathies. C'est à cette cause qu'il convient de faire remonter le bruit qui courut alors que, si on ne lui avait pas prêté d'appui dans la journée de Spikeren, c'était uniquement à raison de l'antipathie qu'il inspirait à ceux qui auraient pu le lui donner. On raconta à Metz, à ce sujet, que l'un d'eux qui commandait une des divisions en marche pour rallier le 2ᵉ corps d'armée, s'était arrêté en route, et que, devant tout son état-major, il avait exprimé son sentiment d'hostilité envers le général Frossard et sa décision de ne pas le secourir en des termes d'une crudité telle, qu'il m'est impossible de les rapporter ici [1].

1. Les termes dont il s'agit, m'ont été confirmés, après la guerre, par un témoin auriculaire, lieutenant-colonel en 1870, et depuis devenu le général de L...

CHAPITRE XXI

Grande émotion dans l'armée.
**Entretien avec l'Empereur. — Il ne peut se décider
à quitter l'armée.**

La nouvelle des deux désastres que nous avions
éprouvés le même jour, arriva dans les camps réunis
sous Metz, trois jours après celle qui y avait anonncé notre
premier revers à Wissembourg. Elle y jeta la stupeur et
l'indignation. On put craindre un instant qu'elle ne portât
le découragement chez nos soldats. Il n'en fut rien, cependant. Loin de se laisser abattre par ces premiers malheurs, le soldat de l'armée du Rhin ne s'en montra que
plus impatient de se trouver aux prises avec l'ennemi.

Au grand quartier général, l'émotion fut plus grande
quand on y apprit le retentissement douloureux que l'annonce de deux batailles perdues avait eu dans toute la

France, et surtout quand on sut qu'à Paris, la presse
révolutionnaire, au lieu de ne songer, en ce moment,
qu'au pays qui était en danger, au lieu de prêcher la con-
corde et l'unanimité des efforts pour combattre nos enne-
mis, ne songeait qu'à soulever la guerre intérieure, ne
voyant dans les revers de notre armée qu'une occasion
favorable de renverser l'Empire. Déjà, en effet, elle osait
accuser l'Empereur d'avoir tout seul voulu la guerre,
oubliant que c'était elle-même, par les organes des
hommes qui représentaient l'opposition au Corps législatif, qui ont forcé l'Empereur à la déclarer, le menaçant
de déchéance, s'il ne la déclarait pas.

Le 7 août, vers 6 heures du matin, sachant que l'Empereur était seul dans son cabinet, j'allai frapper à sa
porte, et le priai de vouloir bien m'accorder un moment
d'entretien. — « Sire, lui dis-je, les circonstances sont
graves, je viens près de Votre Majesté remplir un devoir
de conscience et de dévouement. Que l'Empereur veuille
bien me permettre de lui parler avec une entière franchise.
J'éprouve le besoin de lui déclarer que sa présence à
l'armée, si elle devait se prolonger, serait pour lui pleine
de périls. L'Empereur se trouve, en ce moment, me
paraît-il, en présence de deux intérêts considérables que,
pour des motifs essentiellement différents, mais également
puissants, il veut sauvegarder, l'intérêt militaire et l'intérêt
politique. Quant au premier, l'Empereur n'ignore pas que
c'est sur lui déjà, que les partis hostiles à l'Empire font
retomber la plus grande part de responsabilité dans les
revers que nous venons d'éprouver, parce qu'il a pris le

commandement en chef de l'armée. Serait-il donc prudent que l'Empereur assumât plus longtemps cette responsabilité, alors qu'il n'est pas bien certain que de nouveaux malheurs viennent accabler l'armée? Quant à l'intérêt politique, la situation devient menaçante, on ne saurait se le dissimuler. Est-ce qu'il n'y a pas urgence à ce que l'Empereur aille reprendre à Paris les rênes du gouvernement, après avoir remis le commandement en chef de l'armée entre les mains de l'un de ses maréchaux ? »

L'Empereur m'avait écouté, sans m'interrompre, conservant vis-à-vis de moi son calme et sa patience habituels; pas une parole, pas un signe qui indiquât que mon langage lui parût trop franc et trop audacieux. Puis, quand j'eus fini : « Comment voulez-vous, me répondit-il, qu'après avoir quitté Paris, à la tête de l'armée, j'y rentre aujourd'hui seul, laissant l'armée ici? » — « Que l'Empereur ne rentre donc pas à Paris, répartis-je, je comprends toute la portée de l'objection ; mais est-ce que Sa Majesté ne pourrait se rendre à Saint-Cloud, à Compiègne ou ailleurs, y appeler les ministres et y installer le siège du gouvernement? L'essentiel, Sire, dans l'intérêt du pays, dans celui de Votre Majesté, c'est que l'Empereur ne conserve pas plus longtemps le commandement en chef de l'armée, et qu'il aille reprendre, au plus tôt, son rôle de souverain. »

Mes paroles étaient navrantes pour l'Empereur; je m'en rendais bien compte; lui demander de s'éloigner de l'armée quand elle venait d'être si malheureuse, quoi de plus cruel pour celui qui naguère était rentré en triomphateur dans la capitale, à la tête de ses soldats de Magenta et de Solférino.

L'Empereur était redevenu silencieux; une sombre tristesse s'était répandue sur son front. Il ne paraissait pourtant me faire, en aucune façon, un crime de l'énormité ou de la rudesse de ma franchise.

Je quittai son cabinet, jugeant qu'après ce que je venais de lui dire, je n'avais plus qu'à le laisser livré à ses méditations.

Dans la soirée, l'Empereur me fit apppeler; et tel je l'avais vu le matin, tel je le retrouvai dans son cabinet, ayant la physonomie calme et l'accueil le plus bienveillant. Il était seul et assis devant sa table de travail.

Après m'avoir donné la main: « J'ai songé, toute la journée, me dit-il, aux propositions dont vous m'avez parlé ce matin. Eh bien, plus j'ai réfléchi, plus j'ai compris qu'il était au-dessus de mes forces de m'éloigner de l'armée. J'ai quitté Paris avec elle; il est impossible que j'y rentre sans elle.

— Que l'Empereur, répondis-je, me permette de le lui dire, je comprends bien le sentiment qui le domine; il est trop élevé et trop honorable pour que je m'en étonne; mais faut-il donc que pour lui obéir l'Empereur ferme les yeux sur ce qui se passe à Paris? Ne voit-il pas ce qu'il y a de menaçant dans ce mouvement d'opinion qui se prononce en ce moment? Est-ce qu'avant de se dévouer à l'armée, l'Empereur ne doit pas son dévouement à la France? Si votre résolution, Sire, est irrévo-

cable, je n'ai plus qu'un mot à ajouter : Je crains bien
que de grands malheurs ne s'ensuivent ».

Hélas ! oui, la résolution devait être irrévocable ; comme
aussi devaient être réalisés, un peu plus tard, mes tristes
pressentiments !

CHAPITRE XXII

**Démission du major général. — Le maréchal Bazaine
prend le commandement en chef de l'armée. — Le général Jarras, chef d'état-major. — Retraite sous Metz.**

J'ai dit qu'après avoir abandonné, à l'ennemi, la position de Spikeren, le 2e corps d'armée avait opéré sa retraite sur Sarreguemines, puis sur Puttelange, où le général Frossard l'avait reconstitué. Les pertes qu'il avait faites, l'avaient fort affaibli : mais le moral de ses officiers et de ses soldats était demeuré excellent.

A la nouvelle de la perte de la bataille, l'Empereur ordonna au maréchal Bazaine de concentrer, sous ses ordres, les 2e, 3e et 4e corps d'armée, sur la rive gauche de la Nied française. Il prescrivit, en même temps, au général Bourbaki d'établir la Garde impériale en 2e ligne et comme réserve, derrière ces trois corps.

Commencé le 8, le mouvement de concentration fut terminé le lendemain.

Dans la matinée du 9, des télégrammes de l'Impératrice régente apprirent, en même temps à l'Empereur et au maréchal Lebœuf, que, sous le coup de l'émotion que la nouvelle des désastres de Reichshoffen et de Spikeren avait produite, la veille, au sein du Corps législatif, le conseil de régence demandait instamment que le maréchal se démît des doubles fonctions de ministre de la guerre et de major général.

L'Empereur s'en montra profondément attristé. Le maréchal, si cruellement impressionné qu'il pût être, n'en conserva pas moins une attitude aussi digne que correcte.

La dépêche que l'Impératrice lui avait adressée, et dont il me donna lecture, était conçue en des termes affectueux et attendrissants. C'était un appel, plein de confiance, fait au dévouement du maréchal; un cri de détresse que l'ardeur de son patriotisme avait arraché au cœur de la Régente. Elle disait au maréchal qu'elle savait d'avance qu'il n'hésiterait pas à se sacrifier, quand il s'agissait de donner à l'Empereur et à Elle une nouvelle preuve de son attachement.

Le maréchal se précipita vers son bureau et prit vivement sous mes yeux la plume pour répondre à l'Impératrice. Comme il commençait à écrire, on vint me prévenir que l'Empereur m'appelait dans son cabinet. Je trouvai près de lui le général Castelnau, l'un de ses aides de camp, et M. Piétri, son secrétaire particulier.

« — Le maréchal Lebœuf, me dit l'Empereur, vient de

me remettre sa démission des fonctions de major général; on l'exigeait à Paris, et je le déplore; par qui dois-je le remplacer? » Puis tout aussitôt il ajouta : « Des maréchaux de Mac-Mahon et Bazaine, quel est celui des deux qui pourrait être le plus utile à l'armée comme major général?

— Sire, répondis-je, les maréchaux de Mac-Mahon et Bazaine me paraissent bien nécessaires, en ce moment, à la tête des troupes qu'ils commandent. Mais si, comme je le pense, l'Empereur est disposé à remettre le commandement en chef à l'un d'eux, il ne me semble pas indispensable que les fonctions que le maréchal Lebœuf a remplies jusqu'ici soient exercées par un major général. Il suffirait qu'elles fussent confiées à un général de division qui serait nommé chef d'état-major général de l'armée. Dans ce cas, celui qui me semblerait naturellement désigné au choix de Votre Majesté, c'est le général Jarras, jusqu'à présent aide-major général. Ce qui fait que j'ai songé tout de suite au général Jarras, c'est qu'il a été, depuis un mois, tout particulièrement chargé, sous la direction du maréchal Lebœuf, du service des bureaux de l'état-major au grand quartier général de l'armée. Le général est, d'ailleurs, d'autant mieux préparé pour bien remplir ces fonctions, qu'il a fait ses preuves de capacité à l'armée d'Orient, où il était le second chef d'état-major général, puis à l'armée d'Italie, où il a exercé les mêmes fonctions. C'est un officier capable, intelligent, d'un caractère ferme, droit et loyal, réunissant, à mon sens, toutes les qualités désirables. »

Pendant que l'Empereur m'écoutait, le maréchal Lebœuf se présenta, un papier à la main. Il venait donner à Sa Majesté lecture du télégramme qu'il allait envoyer à l'Impératrice. Il m'entendit formuler la proposition que j'adressais à l'Empereur; et comme il ne fît suivre mes paroles d'aucune objection, j'en conclus qu'elles avaient son entière approbation.

Persuadé, dès lors, que l'Empereur, lui-même, y donnait son adhésion, « — Sire, lui-dis-je, si les fonctions de major général doivent être remplies par celles d'un chef d'état-major général de l'armée, les fonctions d'aide-major général n'ont plus de raison d'être; elles sont supprimées de fait. Je demande alors instamment à l'Empereur de vouloir bien me donner le commandement d'une division d'infanterie, aussitôt que cela lui sera possible. — J'espère que je pourrai vous le donner bientôt, répondit l'Empereur. »

Sur ces paroles, je me retirai, jugeant que l'Empereur avait besoin de conférer avec le maréchal Lebœuf.

La question du remplacement du major général, bien qu'elle n'eût point été tranchée absolument dans l'entretien que je viens de rappeler, me paraissait pourtant bien arrêtée dans l'esprit de l'Empereur, comme aussi il ne me semblait point douteux que l'Empereur ne fût décidé à se démettre de ses fonctions de commandant en chef de l'armée, pour confier ces fonctions à l'un de ses maréchaux. J'étais, en outre, convaincu que le maréchal désigné serait le maréchal Bazaine. Il y avait de bonnes raisons pour qu'il en fût ainsi. En effet depuis nos défaites successives, à Wissembourg, à Reichshoffen et à Spikeren, il semblait qu'il n'y eût dans tous les rangs de l'armée qu'un cri pour proclamer que le maréchal Bazaine seul pouvait la relever des revers qu'elle venait d'essuyer. J'étais si fermement persuadé que l'Empereur obéirait à ce cri de l'armée, que, rencontrant le général Jarras, quelques minutes après ma sortie du cabinet de l'Empereur, je n'hésitai pas à lui faire connaître qu'il allait, à n'en pas douter, être investi des fonctions de chef-d'état major général de l'armée, en même temps que le commandement en chef passerait des mains de l'Empereur dans celles du maréchal Bazaine.

Le général se récria beaucoup, arguant de graves motifs pour me démontrer qu'il ne devait point accepter ces fonctions. Je lui représentai qu'il avait eu avec le maréchal Bazaine des relations qui dataient de loin, et que jamais il n'avait eu à s'en plaindre. Cette considération me paraissait toute puissante, parce que ces relations lui assuraient d'avance la confiance du maréchal, et que d'ailleurs son devoir était de mettre son dévouement au-dessus de ses répugnances et de ses scrupules, s'il en éprouvait, en présence de la situation fâcheuse dans laquelle se trouvait l'armée, en ce moment.

Je convainquis peut-être le général et combien n'eus-je pas à le regretter plus tard. Le maréchal Bazaine au lieu d'utiliser, comme il aurait dû le faire, le général Jarras en lui accordant la confiance qu'il méritait et en l'initiant à tous ses projets, ne fit de lui qu'un instrument passif, en l'annihilant complètement dans ses fonctions de chef d'état-major général de l'armée.

Ce fut dans la journée du 12 seulement que le maréchal Bazaine fut appelé au commandement en chef de l'armée, et le général Jarras désigné pour être son chef d'état-major général.

L'intervalle qui s'écoula entre ces deux dates, du 9 au 12 août, devait être marqué par un nouvel événement de guerre qui décida définitivement l'Empereur à ne pas commander l'armée plus longtemps. Voici dans quelles circonstances il se produisit.

On se souvient qu'à la date du 9 août les 2e, 3e et 4e corps de l'armée française et la Garde impériale, avaient été concentrés derrière la Nied française. On avait pensé au grand quartier impérial qu'en faisant occuper, par ces quatre corps, une position qui se trouvait entre les deux grandes routes que l'ennemi devait suivre naturellement pour se porter à Metz, on serait en mesure de contenir, pendant un certain temps, la masse principale des forces ennemies que l'on avait devant soi. On ne se dissimulait pas qu'il y avait bien des chances pour que les quatre corps français ne pussent résister victorieusement sur cette position, si les deux armées allemandes réunies venaient les y attaquer. Mais, d'autre part, on se berçait de l'espoir qu'avant l'attaque de l'ennemi on aurait le temps de joindre à nos forces sur la Nied le 6e corps d'armée qui, appelé du camp de Châlons le 4, puis de Nancy le 8, était déjà en partie arrivé à Metz le 9[1].

On comptait aussi que les 1er et 5e corps d'armée rejetés

____

1. Il était arrivé une division entière et un régiment d'une autre division.

de la Basse Alsace, sur le versant occidental des Vosges, pourraient, sous deux ou trois jours, être reconstitués sous Nancy et Toul (conformément aux ordres donnés à leurs généraux) et que, suivant les circonstances, ces deux corps seraient appelés sur la Nied, ou portés sur cette autre position qu'on ferait prendre ultérieurement à toute l'armée derrière la Moselle.

On se disait encore que si l'on parvenait ainsi, avant toute nouvelle attaque sérieuse des Allemands, à réunir sept corps d'armée, ce qui présenterait une masse compacte de 200,000 hommes environ, on se mesurerait résolument avec l'armée ennemie qu'on avait devant soi. Après une grande bataille qui ne serait sans doute pas décisive, ajoutait-on enfin, l'armée de Metz pourrait être ralliée par le 7e corps (Douay) dont la présence n'était plus nécessaire dans la Haute Alsace. On avait donné à son commandant l'ordre de se porter sur Metz, par Châlons et Nancy. De plus, on pouvait, un peu plus tard, faire suivre le 7e corps par le 12e, dont la formation devait être prochainement achevée au camp de Châlons. De l'ensemble de ces dispositions, il pouvait sans contredit résulter de grands avantages pour les opérations ultérieures de la guerre, mais il fallait que ces dispositions elles-mêmes pussent être mises à exécution sans rencontrer d'obstacles et avec une rapidité extrême, principalement les premières. Il fallait, avant tout, que les Prussiens victorieux à Spikeren se vissent assez affaiblis par les pertes qu'ils avaient essuyées pour nous donner quelques jours de répit avant de nous attaquer de nouveau.

On reconnut malheureusement bien vite que, si grandes qu'eussent été leurs pertes, les Ire et IIe armées allemandes voulaient, coûte que coûte, brusquer leur mouvement en avant, l'état-major prussien comprenant quel intérêt il y avait pour elles à se présenter, le plus tôt possible, sous les murs de Metz.

Dès lors, il ne fallait plus songer à recevoir une attaque de l'ennemi sur la Nied, avec quatre corps d'armée seulement, sans les vouer, en raison de leur infériorité numérique, à une défaite certaine. La position que ces corps y occupaient présentait d'ailleurs d'assez grands inconvénients, résultant de ce qu'avec les forces trop peu considérables qu'ils pouvaient mettre en ligne, il leur était impossible de s'y déployer sur un front assez étendu pour appuyer leurs flancs à des obstacles naturels sérieux. Ces flancs devaient forcément être en l'air, le flanc droit particulièrement ; et par suite l'armée allemande aurait eu d'autant plus de facilité pour les tourner, sans les attaquer de front, qu'en face des corps français et sur le flanc gauche, se développaient à perte de vue des bois épais permettant aux masses ennemies de marcher et de manœuvrer sans être vues.

Pour ces motifs, l'Empereur décida donc que nous abandonnerions la ligne défensive de la Nied.

Les journées des 10 et 11 furent employées à les porter plus en arrière, pour leur faire occuper la position que forment les hauteurs de la rive droite de la Moselle, en avant et sous le canon des forts extérieurs de la place de Metz.

Le 3ᵉ corps se forma au centre de la position, le 2ᵉ à sa droite, et le 4ᵉ à sa gauche. La Garde impériale, comme réserve, fut disposée en seconde ligne, derrière le 3ᵉ corps.

Ce changement d'emplacement de l'armée n'apportait d'ailleurs aucune modification dans les projets arrêtés précédemment. Il demeurait entendu qu'aux quatre corps, ainsi réunis sous Metz, on allait ajouter le 6ᵉ, arrivant du camp de Châlons, et le 7ᵉ qu'on avait rappelé de la Haute-Alsace.

Mais une question, sur laquelle on n'était pas absolument fixé, question capitale, c'était de savoir si, ces dispositions prises, on attendrait décidément l'attaque des Prussiens sur la position nouvelle qu'on venait de faire prendre à l'armée, ou bien si, n'y attendant pas cette attaque, on ne porterait pas nos forces sur le plateau de Hay qui s'étend entre Dieulouard et Toul, sur la rive gauche de la Moselle, et qui commande admirablement la partie de ce cours d'eau devant elle.

Si l'armée, disait-on, peut y être ralliée par les 1ᵉʳ et 5ᵉ corps d'armée, que le maréchal de Mac-Mahon a reçu l'ordre de réunir et de concentrer à Nancy, elle pourrait arrêter de front la IIIᵉ armée allemande qui doit s'avancer sur Nancy pour marcher sur Paris ; elle menacera le flanc gauche des Iʳᵉ et IIᵉ armées allemandes réunies sous Metz et disposées, elles aussi, à marcher sur la capitale.

Si l'armée, faible comme elle l'était, disait-on encore, est battue sous Metz, n'est-il pas à craindre qu'elle se voie, par la force des choses, forcée à se réfugier dans l'enceinte de ses forts extérieurs, et à rester comme attachée aux flancs de la forteresse? Si, au contraire, elle est vaincue sur la position de Hay, elle aura toujours sa ligne de retraite assurée sur Châlons et sur les positions défensives de la Brie.

Sans contredit, la combinaison dont il s'agit présentait de grands avantages. Mais, avant de décider si on la mettrait à exécution, il fallait savoir si les commandants des 1er et 5e corps avaient eu la possibilité de se conformer aux ordres qui leur avaient enjoint de rallier leurs troupes à Nancy et à Toul. Si l'ennemi les gagnait de vitesse, et gagnait avant eux Toul et Nancy, le maréchal de Mac-Mahon et le général de Failly ne se verraient-ils pas contraints de prononcer, dans une direction tout autre, leur mouvement de retraite ?

Les dépêches échangées entre le grand quartier général et les commandants des 1er et 5e corps, expliquent d'elles-mêmes comment ces derniers ne purent exécuter les ordres qui leur avaient été donnés.

Le 7, l'Empereur avait fait donner l'ordre au général de Failly de diriger son corps sur le camp de Châlons. Le 9, il lui avait fait ordonner de se porter sur Nancy ; le 10, il lui fait enjoindre de changer de direction et de gagner du terrain dans l'est, vers Langres, par exemple (sic), si les Prussiens le devançaient à Nancy, avec des forces supérieures.

Le 12, un télégramme expédié par ordre de l'Empereur lui disait : « Marchez sur Toul aussi vite que possible, suivant les circonstances vous serez appelé à Metz ou dirigé sur Châlons. »

Mais le même jour, un peu plus tard, à trois heures et demie, un nouveau télégramme lui mandait : « Vous avez reçu ce matin l'ordre de vous diriger sur Toul, l'Empereur annule cet ordre et vous prescrit de vous diriger sur Paris, en suivant la route qui vous paraîtra la plus convenable. »

De son côté, le maréchal de Mac-Mahon, au lieu de faire marcher son corps d'armée sur Nancy, s'était vu forcé de s'en éloigner pour éviter les forces ennemies trop supérieures. Il l'avait alors porté sur Chaumont, afin de lui faire occuper ce nœud important de voies ferrées qui, dans sa pensée, devait lui permettre de lui faire gagner rapidement, suivant les circonstances, soit Châlons, soit Belfort ou Langres.

Le 16 seulement il prit la détermination de rallier son corps d'armée au camp de Châlons, et comme le général de Failly avait été itérativement placé sous ses ordres, il lui prescrivit de venir le rejoindre avec ses troupes.

Ainsi donc, et comme les dépêches que je viens de citer le démontrent surabondamment, ce fut le 12 août seulement que l'Empereur acquit la certitude que les 1er et 5e corps d'armée ne pouvaient se rallier à Nancy et à Toul, ni gagner Metz en temps utile pour s'y réunir aux quatre corps qui étaient en position en avant de la place, ni aux cinq que l'on devait y avoir le 13, par l'arrivée du 6e corps ; ni enfin aux six corps que l'on pouvait y concentrer par celle du 7e corps. Il ne fallait pas compter sur le 12e, car sa formation exigeait plusieurs jours encore pour être complète.

Cette certitude acquise, quel parti y avait-il à prendre ?
En était-il un seul qui pût être considéré autrement que
comme un parti extrême ? Un seul qui n'exposât pas
l'armée de Metz à une défaite complète ? Sur la position
où elle se trouvait en ce moment, elle en était réduite à
des conditions d'infériorité numérique telles qu'elle aurait
à combattre à un contre deux.

Sans doute, malgré cette infériorité numérique, elle
pourrait combattre coûte que coûte ; mais si elle était
écrasée sous le nombre, sa retraite n'était pas assurée,
et alors elle perdait infailliblement sa ligne de communications avec la capitale.

L'Empereur examina, l'un après l'autre, divers projets
auxquels il pouvait se résoudre. Il en revint à discuter
celui qu'il avait précédemment étudié, celui dont l'objectif
était de faire occuper, en toute hâte, à l'armée, la position
du plateau de Hay sur la rive gauche de la Moselle. Il était
bien certain que, sur cette position, l'armée serait forcée
d'accepter une bataille contre des forces triples, quadruples
même, peut-être, de celles qu'il pourrait présenter à l'ennemi. Il y avait de la témérité de se jeter dans une entreprise aussi difficile ; et pourtant cette témérité eut des par-
tisans au grand quartier général. Parmi eux, j'en citerai
un, le vieux et brave général Changarnier qui pensait
comme moi qu'il valait mieux pour l'armée perdre une
bataille sur le plateau de Hay, sous Nancy, plutôt que de
déserter les bords de la Moselle sans avoir de nouveau
combattu, et abandonner ainsi à l'ennemi la Lorraine tout
entière et la presque totalité des plaines de la Champagne.

Si nous devons être écrasés par le nombre sous Nancy, disaient les prôneurs de la position de Hay, au moins l'armée aura-t-elle fait preuve d'énergie, et l'opinion du pays lui en tiendra compte ; elle aura ralenti la marche de l'invasion sur la capitale, et aura une retraite assurée.

L'Empereur songea enfin à un dernier parti, parti extrême encore, moins compromettant peut-être que celui dont je viens de parler, mais qui présentait aussi des inconvénients graves. Il se demanda si, sans attendre une nouvelle attaque, il ne pourrait pas porter l'armée sur le camp de Châlons, où allaient se trouver réunis les 1er et 5e corps. Rien ne pouvait faire obstacle, semblait-il, à ce que cette armée (moins une division laissée à Metz pour soutenir le siège de la place) fût acheminée à marches forcées sur le camp de Châlons, en la faisant passer par Verdun. Il fallait encore, pour adopter cette combinaison, se résoudre à abandonner la Lorraine et une partie de la Champagne. Quel effet déplorable sur l'esprit des populations de ces provinces ; quel découragement dans celui de la France tout entière. Tous ces inconvénients n'étaient pas plus à redouter qu'une grande bataille perdue sur les bords de la Moselle.

Acculé à la nécessité de prendre l'un ou l'autre des deux partis dont je viens de faire ressortir les dangers, l'Empereur se décida, hélas ! en faveur de celui des deux qu'il crut se prêter mieux à la poursuite des opérations ultérieures de l'armée. Il arrêta que l'armée, laissant une division à Metz, serait sur-le-champ dirigée sur le camp de Châlons. La voie ferrée qui relie Verdun à Châlons devait contribuer à activer ce mouvement.

Il fut entendu qu'on ne s'attarderait pas dans la préparation des moyens d'exécution. On savait, en effet, que l'armée allemande était à petite distance de Metz ; et si l'on n'arrivait pas, à force de célérité, à lui dérober l'opération projetée, et à prendre sur elle une avance de deux journées de marche, d'une journée, tout au moins, l'opération elle-même serait fortement compromise, sinon tout à fait manquée.

La situation était très grave assurément ; mais, si grave qu'elle fût, l'Empereur en avait assumé toute la responsabilité, quand tout à coup un événement considérable vint la faire peser sur un autre que lui.

Obéissant aux suggestions pressantes du gouvernement de la régence qui l'invitait à en appeler, pour la direction des opérations de l'armée, aux talents militaires de celui de ses lieutenants qui paraissait inspirer à l'armée, comme aux pouvoirs politiques, une confiance absolue, l'Empereur, dans la journée du 12, remit le commandement en chef de l'armée entre les mains du maréchal Bazaine, et celui-ci prit possession de ses fonctions le 13 au matin.

Le mouvement de retraite sur Châlons avait été arrêté par l'Empereur, en dehors de toute participation du maréchal Bazaine. Il a été insinué plus tard que ce dernier ne lui avait pas donné son approbation parce que, dans sa pensée, ce mouvement devait contrarier le plan d'opérations qu'il avait imaginé en prenant le commandement de l'armée. On dit qu'il s'était résigné à contre-cœur à le mettre à exécution, en subissant la volonté de l'Empereur.

La vérité pourtant c'est qu'aucun dissentiment, aucune apparence de désaccord ne s'éleva entre l'Empereur et le maréchal à propos du mouvement dont il s'agit. Si ce désaccord eût existé, il se serait évidemment manifesté ; le projet eût été discuté, et je ne l'eusse pas ignoré, n'ayant point cessé un seul instant de me trouver soit près de l'Empereur, soit près du maréchal Lebœuf, pendant les journées des 12, 13 et 14 août. J'en aurais su quelque chose par le général Jarras que je vis maintes fois pendant ces journées, et qui, dans la journée du 13, prit ses fonctions de chef d'état-major général de l'armée, le maréchal Lebœuf ayant quitté à ce moment celles de major général. Pas un mot, durant ces trois jours, ne sortit devant moi de la bouche de l'Empereur ou de celle du maréchal Lebœuf ; pas un ne me fut dit par le général Jarras, dans les confidences intimes qu'il me fit à la suite de ses premières entrevues avec le maréchal Bazaine.

Au surplus, si le maréchal désavouait, dans son for intérieur, l'opération projetée par l'Empereur ; si son intelligence lui en avait fait concevoir une autre, plus propre à tirer l'armée de la situation plus que difficile où elle se trouvait, il faut convenir qu'il commit une bien grande faute en ne mettant point à néant le projet de l'Empereur, aussitôt après la prise de possession du commandement, pour y substituer son propre plan d'opérations.

Dès le moment où reposaient sur lui seul les destinées de l'armée, avait-il le droit de faire de lui-même plier sa volonté devant celle de l'Empereur, si sa conscience lui disait de n'en rien faire. On n'en était pas encore arrivé au 12 août, à cette époque de tristes souvenirs où le Gouvernement du 4 septembre devait ordonner impérativement, par la voix du Ministre de la guerre, à un autre de nos commandants de corps d'armée, d'entreprendre une opération qu'il réprouvait et dont la conséquence fatale ne pouvait être que la ruine de son armée.

Le maréchal Bazaine se contenta de confirmer, purement et simplement, le 13, la décision que l'Empereur avait prise avant de lui remettre ses pouvoirs. Il ne changea rien aux premières dispositions arrêtées précédemment pour faire passer l'armée sur la rive gauche de la Moselle, ce qui devait être comme le prélude du mouvement qu'elle avait à exécuter pour se porter sur Verdun et le camp de Châlons.

L'opération devait présenter des difficultés ; mais ces difficultés n'étaient point insurmontables. Elle devait réussir, mais à une condition *sine qua non*, c'est qu'on y consacrerait le moins de temps possible, 24 heures tout au plus. Il fallait, en la brusquant, la dérober à l'attention de l'ennemi; et si l'on n'y parvenait pas absolument, l'exécuter avec une rapidité telle qu'on ne donnât pas aux Prussiens le temps de prendre des mesures pour la contrarier sérieusement. Dès le 12, on avait pris des dispositions en conséquence.

Comme on avait jugé que le passage de l'armée ne

pourrait se faire avec la célérité convenable, au moyen seulement des deux ponts fixes de Metz qui mettent les deux rives en communication l'une avec l'autre, on avait ordonné ce jour-là au commandant du génie de l'armée et à celui du génie de la place de reconnaître sur-le-champ, en amont et en aval de ces deux ponts, tous les points de la rivière où l'on pouvait jeter des ponts volants, et d'y jeter aussitôt ces ponts, en aussi grand nombre que possible.

Dès que l'emplacement de ces nouveaux ponts fut déterminé, l'état-major général étudia et arrêta les ordres de mouvement qu'il avait à donner aux commandants des cinq corps d'armée, avec indication des itinéraires que les troupes auraient à suivre pour se porter, après la traversée des ponts, sur une position où ils seraient concentrés de manière à se trouver à cheval sur la grande route de Metz à Verdun, position dont le centre était marqué par le village de Gravelotte.

Dans la soirée du 12, tous les ordres étaient donnés pour que l'opération, commencée le 13 de grand matin, pût être terminée ce même jour dans la soirée. Dans la journée du 12, et pendant la nuit suivante, le maréchal Bazaine aurait pu faire passer, sinon la totalité, du moins une bonne partie des bagages de l'armée, en leur faisant traverser la rivière par les deux ponts fixes de Metz, les ponts volants n'étant pas encore achevés. Il n'en fit rien; c'était pourtant une mesure préparatoire que son expérience de la guerre ne lui permettait pas de négliger. Elle aurait assuré aux troupes bien plus de mobilité dans le mouvement qu'elles avaient à exécuter pendant la journée suivante.

Comme si les accidents les plus inattendus eussent dû, à chaque instant, se mettre à la traverse des opérations de la malheureuse armée française, il arriva qu'une crue subite éleva considérablement les eaux de la Moselle et celles de la Seille. Cette crue vint contrarier beaucoup les travaux que le génie avaient entrepris pour établir les ponts volants sur les deux cours d'eau. La crue ne diminuant pas, il en résulta que, sur le nombre de ponts volants que le génie devait mettre le 13 au matin à la disposition de l'armée, un ou deux seulement, m'a-t-on dit, pouvaient être utilisés immédiatement. On retarda de plusieurs heures le mouvement général des troupes, dans l'espoir que les autres ponts pourraient être achevés. Mais, comme une attente plus longue devenait compromettante, on se décida à donner les ordres nécessaires pour que les corps d'armée quittassent leurs positions et traversassent la Moselle par les seuls ponts existant en ce moment.

Le retard que l'on avait ainsi forcément apporté dans le commencement de l'opération était extrêmement regrettable; mais ce qui devait être plus regrettable encore, c'était le trop petit nombre de débouchés par lesquels l'armée pouvait franchir la Moselle. Les troupes s'étaient à peine engagées sur les ponts fixes de Metz qu'il s'y produisit des encombrements énormes d'hommes et de voitures qui entravèrent horriblement leur marche. Il en résulta que l'opération qui avait été préparée pour être terminée dans la matinée du 14 ne pouvait plus l'être que dans la soirée du même jour. C'était une perte de 24 heures pendant lesquelles les Prussiens pouvaient avoir beau jeu pour prendre barre sur l'armée française. Ils ne manquèrent pas de les bien employer, comme on va voir.

Deux seuls de nos corps d'armée, les 2ᵉ et 6ᵉ, et deux divisions du 4ᵉ avaient pu gagner la rive gauche de la rivière, entre 3 et 4 heures de l'après midi, quand tout à coup le canon retentit sur la rive droite, annonçant à toute l'armée que les corps attardés de ce côté (le 3ᵉ, deux divisions du 4ᵉ et la Garde) étaient vivement attaqués. Dès lors, il ne fut plus question, pour ces corps, de quitter leurs positions. Les deux divisions du 4ᵉ corps elles-mêmes furent rappelées par le général de Ladmirault, et allèrent en toute hâte reprendre leurs emplacements, qu'elles avaient abandonnés quelques heures auparavant. Alors s'engagea très vigoureusement cette bataille, qu'on a appelée bataille de Borny, du nom du village auquel était adossé le 3ᵉ corps, qui formait le centre de la position occupée par l'armée française. Cette bataille, qui dura jusqu'à la nuit close, couronna incontestablement de succès les efforts de ceux de nos corps d'armée qui y prirent part. Ils avaient constamment repoussé les attaques réitérées des Allemands et étaient restés maîtres de la position. Mais le résultat n'en devait pas moins tourner à l'avantage de l'ennemi. En nous attaquant à Borny, l'armée allemande avait réussi à retenir pendant 24 heures de plus l'armée française sous les murs de Metz, et retardé d'autant son mouvement sur Verdun.

Après la bataille, le maréchal prescrivit aux commandants des 3° et 4° corps et à celui de la Garde impériale de reprendre le lendemain matin le mouvement de retraite, en leur recommandant instamment d'y apporter la plus grande célérité possible, afin de porter en toute hâte leurs troupes sur la position de Gravelotte qui leur avait été indiquée. Le 3° corps et la Garde purent traverser la Moselle, et malgré les encombrements de la route qui, à chaque instant, obligeaient leurs troupes à faire de grandes haltes, ils parvinrent à atteindre leurs emplacements dans l'après-midi ou dans la soirée du 14.

Le 4° corps avait franchi la rivière le dernier. Le général de Ladmirault lui fit faire halte sur les glacis de la place de Metz. Il fit savoir au général en chef qu'il avait dû suspendre sa marche, parce qu'il y avait nécessité de le ravitailler en vivres et de renouveler ses munitions épuisées la veille à Borny.

Un peu plus tard, il envoya au maréchal Bazaine un de ses aides de camp, M. de Latour-Dupin, pour lui faire connaître que la grande route de Verdun, par laquelle son corps d'armée devait gagner Gravelotte, était tellement obstruée par les bagages de l'armée qu'il ne lui était pas possible de s'y engager pour le moment. Il fut prescrit alors au général de faire prendre aussitôt à son corps d'armée un chemin de traverse accessible aux voitures et par lequel il pouvait se porter à destination. Le 4° corps n'en demeura pas moins, sans bouger, dans le bivouac où il avait été établi, pendant la journée du 15 et la nuit suivante. Ce fut le 16 seulement, dans la matinée et au bruit du canon qui se faisait entendre du côté de Gravelotte, que ce corps d'armée fut mis en mouvement pour rejoindre les autres corps de l'armée.

Le général de Ladmirault, a-t-on dit, n'avait pas jugé devoir lui faire prendre le chemin de traverse que l'état-major général lui avait indiqué, parce que la voie y était trop peu large, pour que deux voitures pussent y passer de front.

Je n'ai point assisté à la bataille de Gravelotte. Je n'en dirai rien sinon que la journée aurait pu être autrement heureuse pour nos armes, si le 4ᵉ corps, au lieu d'être attardé, comme je l'ai dit tout à l'heure, dans sa marche sur Gravelotte, se fût trouvé avec les autres corps de l'armée au commencement de la bataille. Il est arrivé en ligne, vers trois heures seulement, quand la lutte était engagée depuis cinq à six heures ; je tiens le fait de la bouche de l'un des hommes qui ont été les mieux placés pour bien voir et apprécier les événements, je veux parler du général qui était à la tête de l'état-major général du maréchal Bazaine.

Je ne parlerai pas non plus de la bataille de Saint-Privat, livrée le 18 août, quand je n'étais plus à l'armée de Metz. C'est à ceux qui y ont pris part, à en raconter les épisodes si émouvants, et si honorables pour nos troupes, et plus particulièrement pour celles du 6ᵉ corps, obéissant à l'impulsion énergique de leur chef, le vaillant maréchal Canrobert.

Le 13 août, au matin, comme mes fonctions d'aide-major général avaient été supprimées, par le fait seul de la suppression de celles de major général, j'avais repris naturellement ma position d'aide de camp attaché à l'Empereur. C'est à ce titre, que j'accompagnai l'ex-commandant en chef de l'armée du Rhin, lorsqu'il s'éloigna de Metz, le 15, pour se rendre au camp de Châlons.

CHAPITRE XXIII

L'Empereur quitte Metz pour se rendre au camp
de Châlons.

———

Lorsque, le 12 août, l'Empereur avait appelé le maréchal
Bazaine à le remplacer dans le commandement en chef de
l'armée, il avait nommé, pour succéder au maréchal dans
le commandement du 3ᵉ corps, le général Decaen, considéré, à juste titre, comme un de nos divisionnaires les
plus distingués parmi ceux que l'armée du Rhin comptait
dans ses rangs. Ce vaillant soldat ne jouit pas longtemps
de la situation honorable que l'Empereur lui avait faite :
vingt heures à peine s'étaient écoulées depuis qu'il avait
pris possession de ses fonctions, quand une balle allemande
le frappa mortellement, le 13, pendant la bataille de Borny.
L'armée perdit en lui un de ses chefs les plus capables et
les plus affectionnés.

L'Empereur quitta Metz le 14, et alla coucher, ce jour-là, à cinq kilomètres de la place, au village de Longeville, sur la grande route de Verdun. Ce fut là qu'il désigna le maréchal Lebœuf, pour remplacer le général Decaen, à la tête du 3e corps.

Plein d'espoir dans la confiance que le maréchal Bazaine semblait inspirer autour de lui, il comptait que celui-ci, surmontant toutes les difficultés de la situation, pourrait porter son armée sur le camp de Châlons.

L'Empereur désirerait vivement se rendre, à ce camp, pour y voir le maréchal de Mac-Mahon, désigné pour prendre le commandement d'une armée qui allait s'y former.

Il avait résolu déjà de rattacher sa fortune à celle de cette armée, et pour cela, de suivre personnellement toutes ses opérations.

Le 15, au matin, dans ce jour anniversaire de la Saint-Napoléon, il partit de Longeville, pour aller passer la nuit au village de Gravelotte, où commençaient à se concentrer les corps d'armée qui avaient franchi la Moselle. Comme la grande route de Verdun était fort embarrassée par les troupes et les bagages de l'armée, l'Empereur prit, à cheval, la voie romaine qui lui permettait de s'élever sur les coteaux à droite de la route, laissant derrière lui ses bagages avec ceux de l'armée. Il arriva à Gravelotte entre sept et huit heures du matin.

Les troupes qui traversaient ce village, pour aller prendre, un peu plus loin, leurs emplacements de bivouac, présentaient un aspect d'abattement physique, empreint d'une sombre énergie morale. Les soldats, harassés de fatigue, marchaient silencieux ; mais dans leurs regards presque farouches, on lisait combien ils étaient impatients de ne pas trouver plus vite un peu de repos, après vingt et quelques heures d'une marche si pénible. Les officiers, et parmi eux, les plus élevés en grade, n'étaient pas silencieux, comme leurs soldats ; ils exprimaient hautement leurs sentiments de réprobation envers l'état-major général de l'armée qui, suivant eux, n'avait pas su, par des mesures arrêtées plus sagement, épargner à leurs troupes de pareilles fatigues. Comme il arrive toujours aux armées, dans des circonstances semblables, c'était l'état-major seul qu'ils rendaient ainsi coupable de tout le mal dont ils avaient à se plaindre. Le vrai coupable, ce n'était pourtant pas dans l'état-major général qu'il fallait le chercher. Car si cet état-major n'avait point fait tout ce qu'il était en son pouvoir de faire, pour conjurer le mal dont on se plaignait avec raison, c'est que le commandant en chef de l'armée, au lieu d'en appeler à l'expérience de son chef d'état-major général, relativement aux dispositions de détail à prendre, ne lui avait pour ainsi dire rien demandé, rien prescrit, le tenant presque constamment à distance et ne conférant qu'à de trop rares intervalles avec lui.

Pendant que j'étais à Gravelotte, le 15 août, et vers dix heures du matin, un des aides de camp de l'Empereur, le prince de la Moskowa, mit sous mes yeux le *Moniteur universel*, daté du 10, qui contenait l'entrefilet suivant :

« Le maréchal Lebœuf, major général de l'armée, et le général Lebrun, aide-major général, ont donné leur démission. » Ma démission, présentée sous cette forme, c'était tout simplement un acte infâme commis à mon préjudice, par le gouvernement de la régence. Ce gouvernement, dans son impuissance de résister à l'opinion qui rendait le maréchal responsable de nos premiers revers, avait exigé sa démission, et le maréchal l'avait donnée. Mais la mienne ne m'avait pas été demandée ; et, par suite, je n'avais point eu à la donner également. Je n'eusse assurément point hésité, si on l'eût réclamée de moi, bien que dans mes fonctions d'aide-major général, je n'eusse été jamais autre chose, près du maréchal et près de l'Empereur, qu'un simple lieutenant, n'ayant d'autre devoir que d'exécuter les ordres donnés par ses chefs. Mon rôle, dans l'armée, avant comme depuis le commencement de la guerre, n'avait d'ailleurs jamais été en rien et pour rien un rôle politique.

En ce qui me concernait, l'entrefilet du *Moniteur* était un mensonge. Comme je l'ai déjà dit, mes fonctions d'aide-major général avaient été supprimées de fait, dès que celles de major général l'avaient été elles-mêmes, quand au major général on avait substitué un chef d'état-major général de l'armée.

Le gouvernement de la régence avait inventé ce mensonge pour deux motifs : le premier, pour donner une satisfaction plus complète à l'opinion publique surexcitée, en livrant à sa vindicte, deux victimes au lieu d'une seule ; le second, pour adoucir quelque peu le coup dont il frappait le maréchal Lebœuf, en faisant peser sur un de ses lieutenants, dont le rôle n'était rien que militaire, une participation quelconque dans des événements dont lui seul,

comme Ministre de la guerre et l'un des agents politiques
dans le gouvernement, pouvait être rendu responsable [1].

Le gouvernement avait odieusement insinué dans le pays
que j'avais voulu la guerre ou que j'avais poussé l'Empereur à la faire. Ce n'est pourtant pas moi qui, avant la
déclaration de guerre, avais proclamé que l'armée était préparée pour la guerre. N'ai-je point démontré surabondamment, dans le premier chapitre de ce travail, que de 1866
à 1870, je n'avais jamais cherché, dans la limite de
mes moyens, qu'à améliorer l'organisation de l'armée
et à y faire introduire les éléments de force qui lui
manquaient. Le rapport que j'ai adressé à l'Empereur, à
la suite de la mission dont il m'avait chargé, près de l'archiduc Albert, n'est-il pas la preuve évidente que je ne voulais pas la guerre ; mais que je voulais seulement qu'on
s'y préparât bien, parce que, dans un avenir plus ou moins
éloigné, elle paraissait être inévitable. Ma situation dans
l'armée, en 1870, n'était point telle que l'Empereur ou
aucun de ses conseillers pût songer à me consulter sur la
question de savoir s'il était, ou non, opportun de déclarer
la guerre. A partir du jour où elle fut décidée, je l'acceptai
et ne songeai plus qu'à y remplir honorablement mes

(1) Je me plaignis amèrement près de l'Empereur de l'article que
le gouvernement de la régence avait fait insérer au *Moniteur* et l'Empereur reconnut combien j'avais raison de le trouver injuste et bles-
sant pour moi. Il me donna, de lui-même, la promesse que, sous peu,
il le ferait démentir.

Hélas! que pouvait-il advenir de cette promesse, quand, à quelques
jours de là, les agissements ténébreux du gouvernement de Paris
devaient réduire l'Empereur à la plus complète impuissance.

devoirs militaires. A ce moment, j'étais plein de confiance, comme je l'ai dit précédemment, parce que j'étais convaincu que ce n'était pas la France seule qui allait combattre contre l'Allemagne ; mais bien la France ayant uni ses forces à celles de l'Autriche et de l'Italie.

CHAPITRE XXIV

**Voyage de l'Empereur. — Il rencontre le général Trochu.
Arrivée au camp de Châlons.**

L'Empereur, après avoir passé la nuit à Gravelotte, en
partit le lendemain, à cinq heures du matin, pour se rendre
au camp de Châlons. Son escorte se composait du détachement de Cent-Gardes qui l'avait suivi à l'armée, d'un bataillon de grenadiers de la Garde, et d'un régiment de chasseurs d'Afrique.

Il fit halte à Verdun pour y déjeuner ; après quoi, pour-
suivant sa route, par le chemin de fer de Verdun à Reims
et de Reims à Mourmelon, il put arriver au camp entre sept
et huit heures du soir. A l'une des stations de la voie ferrée,
entre Reims et Mourmelon, il se rencontra avec le général
Trochu qui, venant de Paris, se rendait au camp sur les
ordres du Ministre de la guerre, pour y prendre le commandement du 12ᵉ corps qui, depuis plusieurs jours, y était en

formation. L'Empereur l'invita à monter dans le compartiment qu'il occupait, et voulut s'y trouver seul avec lui, pour l'entretenir de la situation politique et militaire de Paris. Il serait intéressant de savoir quel échange d'impressions eut lieu alors entre le souverain et le général, dans cette entrevue due au hasard. Les deux interlocuteurs s'étant trouvés seuls, en tête à tête, pendant tout le temps qu'elle dura, il n'en transpira rien.

Comme on peut bien l'imaginer, rien n'avait été préparé au camp de Châlons, pour le séjour que l'Empereur allait y faire. En fait de provisions de bouche, tout manquait au quartier impérial, tout excepté le vin, dont une certaine quantité de bouteilles y était demeurée déposée depuis la précédente visite que l'Empereur avait faite au camp. Le général de Courson, gouverneur du Palais, recourut aux hôteliers du Mourmelon, et, grâce à eux, il put se procurer le nécessaire pour les besoins de l'Empereur et de son entourage. Il était un peu tard, huit heures au moins, quand l'Empereur put se mettre à table. Si j'entre dans ces détails, qui peuvent paraître puérils, c'est que, pendant le dîner, j'eus l'occasion d'y voir de si bonne humeur le souverain qui venait de quitter le commandement de l'armée du Rhin, que je ne pus m'empêcher de le faire remarquer à l'un de mes voisins de table, en lui demandant s'il ne lui paraissait pas, comme à moi, que l'Empereur n'eût point, en ce moment, la conscience de la situation dans laquelle les derniers événements l'avaient placé. Hélas ! cette bonne humeur, qu'un premier mouvement irréfléchi m'avait disposé à trouver extraordinaire et presque regrettable, ce n'était autre chose, chez l'Empereur, que le reflet de la satisfaction qu'il éprouvait de pouvoir satisfaire sa faim aiguisée par les quinze heures qu'il venait de passer à cheval et en chemin de fer, pour venir de Gravelotte au camp de Châlons.

XXV

Principales causes des défaites de l'armée française.

Dans les quelques années qui ont précédé la guerre
de 1870, deux hommes d'un mérite ncontestable, ont
présidé, comme Ministres de la guerre, à la constitution
et à l'organisation de l'armée française; le maréchal Niel,
d'abord; puis après sa mort, survenue en août 1869, le
général Lebœuf, promu maréchal un peu plus tard.

Aussitôt après les désastres que nous avons subis
en 1870, un cri presque unanime s'est élevé en France,
pour proclamer que si le maréchal Niel eût été encore
ministre en 1870, la guerre aurait pu être conjurée, ou
que la guerre, n'ayant pu être évitée, on l'aurait faite
moins malheureusement, heureusement peut-être. Au-

jourd'hui encore, l'écho de ce cri a fait sa légende dans
le pays.

L'opinion publique admet, avec complaisance, que c'est
sur le maréchal Lebœuf, le Ministre de la guerre de 1869
et 1870, que doit peser la plus grande part de responsabilité dans les malheurs qui ont accablé notre armée. Il
est peut-être bon cependant, d'en appeler de ce jugement·
de l'opinion publique, à un examen réfléchi et fait de
sang-froid, de l'influence plus ou moins grande que le
passage, au ministère de la guerre, des deux ministres
dont il s'agit, a pu exercer sur les destinées de notre
armée; si l'histoire impartiale le réclame, l'équité le
commande. Que l'on s'imagine le maréchal Niel encore
Ministre de la guerre dans les premiers jours de
juillet 1870, quand la candidature du prince de Hohenzollern vint tout à coup soulever des tempêtes au sein du
Corps législatif, et qu'on se demande alors s'il est bien
certain qu'il se fût opposé à une déclaration de guerre, et
eût pu faire maintenir la paix; qu'on se demande ensuite,
si forcé de se décider pour la guerre, il aurait pu, par
son intelligence, la conduire à bonne fin. Sur ces deux
questions, le doute est permis, et voici les raisons qui
me paraissent justifier cette opinion.

Dans l'un des premiers mois de 1869, je ne me rappelle
pas précisément la date, mais jamais je n'ai oublié le fait,
je venais d'avoir avec le maréchal Niel, dans son cabinet
du ministère de la guerre, un entretien sur la question
d'une guerre avec la Prusse, quand le maréchal mit fin
au colloque, en m'adressant ces paroles significatives :

« Nous aurons la guerre; il faut que nous l'ayons, non
pas encore en 1870, mais pas plus tard qu'en 1871. »
Et comme je répondis à ces paroles en lui disant : « Pré-
parons-nous donc à la guerre; mais, Monsieur le maréchal, ne la faisons pas sans avoir des alliés avec nous. » —
« Oh! pour cela, reprit le maréchal, je vous réponds que
tant que je serai Ministre, je tiendrai à ce que la France
ne s'engage pas dans une guerre où elle n'aurait pas
d'alliés pour la soutenir. » Comme on le voit, le maréchal Niel voulait bien la guerre, il la lui fallait pas plus
tard qu'en 1871. Il y mettait toutefois certaine réserve :
C'est que dans cette guerre la France aurait des alliés.

A quelque temps de là, mais toujours dans la même
année, le maréchal paraissait moins réservé. Il en donna
la preuve dans une conversation qu'il eut avec l'Impératrice, au palais de Saint-Cloud, où il était allé trouver
l'Empereur. Il raconta lui-même cette conversation au
général Jarras, directeur du dépôt de la guerre.

Il avait abordé l'Impératrice, dit-il au général Jarras,
et adressé cette demande : « Eh bien, Madame, êtes-vous
prête pour la guerre? » Et comme l'Impératrice s'était
récriée en lui répondant qu'elle n'était nullement préparée
à la guerre. « Moi, Madame, avait-il repris, je suis prêt ».
Ici, plus de réticence, plus de condition pour faire la
guerre; le maréchal était prêt.

Quoiqu'il en soit de cette assurance, il est bien probable que dans le moment où la guerre fut demandée
avec tant de violence au Corps législatif, au commencement de juillet 1870, le maréchal Niel, s'il eût été Mi-

nistre, n'aurait pas manqué de mettre tous ses efforts et d'en appeler à sa parole habile pour obtenir que l'on temporisât, non point uniquement pour empêcher que la guerre n'eût lieu, mais bien plutôt pour donner à l'Empereur, avant qu'il ne déclarât la guerre, le temps de consacrer, par un traité d'alliance offensive et défensive, une entente qui déjà avait été préparée par lui, entre la France et deux autres puissances.

Mais que l'on admette que le traité dont il s'agit se fût fait quelque peu attendre, le maréchal Niel aurait-il néanmoins résisté à la pression de l'opinion, qui demandait impérativement la guerre, sans temporisation, sans attermoiement aucun? Cela est peu admissible.

J'ai dit, dans un des chapitres précédents de ce travail, ce qui se passa, au Corps législatif, avant la déclaration de guerre. Le maréchal Niel ne se fût pas aisément résigné à laisser accuser son souverain de lâcheté et de couardise parce qu'il hésitait à déclarer la guerre. Non, il eût pris, quand même, son parti de la guerre, comme le fit le maréchal Lebœuf; parce que ce qui dominait en lui, c'était sa confiance illimitée dans la puissance de l'armée française et dans les ressources inépuisables du pays.

La guerre étant alors déclarée, la mobilisation de notre armée n'aurait point été faite autrement qu'elle ne l'a été sous la direction du maréchal Lebœuf, et il ne faut pas oublier que c'est le maréchal Niel qui, sous son ministère, avait arrêté les dispositions qui devaient présider à cette mobilisation, et ce sont ces dispositions mal étudiées, qui ont déjoué tous les résultats qu'on en attendait. Elles ont eu pour effet, qu'au lieu de 400,000 hommes que nous devions réunir à la frontière en moins de quinze jours, c'est à grand peine si, à la date du 1er août 1870, après seize jours de mobilisation, nous avons pu y concentrer 235,800 hommes.

C'est incontestablement ce déficit dans les forces avec lesquelles nous devions ouvrir la campagne, qui s'est opposé à ce que nous prissions sur les Prussiens une initiative vigoureuse, dès le début de la guerre. Ce déficit a retenu forcément l'armée française inactive pendant de longs jours; et son immobilité l'a perdue, parce qu'elle a permis aux armées allemandes de ne se présenter devant elle, qu'avec des forces deux fois supérieures aux siennes.

Ce qui est arrivé pour l'armée, avec le maréchal Lebœuf pour ministre, lui serait infailliblement arrivé de même si le maréchal Niel avait présidé aux opérations de la mobilisation. Malgré toute son intelligence, le maréchal Niel n'aurait pu faire que l'armée française eût, dès le 1er août, 400,000 hommes en face de l'armée allemande. Il convient donc de n'accepter qu'avec la plus grande réserve, l'assertion de ceux qui ont prétendu que, si le maréchal Niel avait été Ministre de la guerre en 1870, la guerre n'aurait point été déclarée, ou se fût faite plus heureusement pour la France.

Le maréchal Niel, pendant la durée de son ministère, comme beaucoup d'autres d'ailleurs, on ne saurait trop le répéter, avait une trop haute opinion de nos forces nationales; et il n'en avait pas une assez grande de celles de nos futurs adversaires. Je ne saurais oublier qu'un jour, en

1869, m'étant permis de lui-dire que, sur des renseignements qui me venaient de l'étranger, et empruntés à une source bien autorisée, il paraissait certain que la Prusse pourrait jeter 500,000 hommes à nos frontières, le maréchal, se récriant, m'adressa cette réponse caractéristique :

« Ah! voilà bien toujours les mêmes exagérations; qu'est-ce donc que la Prusse a pu mettre en ligne en 1866, pour la guerre de Bohême? 250 à 260,000 hommes, au plus. Eh bien, quand elle en réunirait 300,000 devant nous, nous serions bien en état de les affronter. »

Le maréchal ne redoutait donc pas la guerre; j'ai dit, plus haut, que, dans son opinion, il fallait que nous l'eussions, pas plus tard qu'en 1871.

Pendant son ministère, le maréchal Niel, d'accord en cela avec l'Empereur, avait arrêté, qu'en cas de guerre avec la Prusse, les forces actives de l'armée française seraient organisées, comme je l'ai dit dans l'un des premiers chapitres de ce travail, en trois armées, ayant chacune leur général en chef distinct. Il avait jugé que l'Empereur devait s'abstenir de prendre personnellement le commandement en chef de ces armées, estimant que le souverain n'avait à remplir aux armées d'autre rôle que celui que le roi de Prusse s'était attribué dans la guerre de Bohême en 1866. En cela, le maréchal Niel avait fait preuve de clairvoyance; et l'on peut admettre que si le maréchal Lebœuf n'avait pas consenti à ce que l'Empereur, mettant à néant le projet du maréchal Niel, et celui qui avait été le sien, à lui-même, en 1868, prit en personne le commandement en chef d'une seule armée, formée des trois armées dont la composition avait été arrêtée précédemment, on peut admettre, dis-je, que nos premières rencontres avec les Allemands eussent été moins malheureuses. Tout au moins, aurait-on pu accuser l'Empereur d'être la cause de nos premiers désastres, pour avoir pris lui-même, en mains, la direction des opérations de notre armée.

Mais le résultat final de la guerre eût-il été, pour cela différent de ce qu'il a été? Qui oserait l'affirmer? Dès l'instant que la mobilisation de notre armée avait été avortée, pour ne nous donner que des forces insuffisantes à opposer à celles des Allemands, nous étions d'avance condamnés à succomber sous le nombre.

Dans la guerre moderne, comme je l'ai déjà dit dans une autre occasion, c'est le nombre de baïonnettes et de canons qui assure la victoire. Il ne faut plus compter sur le génie des généraux qui commandent les armées.

Le maréchal Lebœuf, Ministre de la guerre en 1870, a commis une grande erreur, je l'ai déjà dit, mais j'y insiste de nouveau. Convaincu que les dispositions que le maréchal Niel, son prédécesseur, avait arrêtées pour assurer la prompte mobilisation de nos forces actives, n'étaient susceptibles d'aucune amélioration, il s'est refusé à les soumettre à un contrôle sérieux. Par un sentiment de respect exagéré, pour tout ce qui avait été décidé par celui qui avait été, avant lui, à la tête de l'administration de la guerre, il n'a voulu y apporter aucun changement. Il a dûrement expié cette faute. Mais ne serait-il pas souverainement injuste d'attribuer à lui seul les vices d'une mobilisation et d'une préparation à la guerre qui n'étaient point du tout de son invention?

FIN

Vienne, 20.6.870.

Mon cher Général!

Les lignes vous seront remises conjointement
avec le dossier que vous m'avez confié, et
auquel j'ai joints, outre les observations
que vous connaissez, un petit résumé, relatif aux 3 plans à étudier. Le tout a été
copié par une main toute sûre. Je ne
vous envoye pas deux de mes brouillons,
puisque ceux ci ont été amplifiés et modifiés
d'après vos observations par les suivants,
qui se trouvent dans le dossier.

M. de Bouillé, que je viens de voir, me dit
que vous avez avancé votre départ d'un jour; j'espère
donc, que vous serez de retour à Paris le 23.,
où cette lettre arrivera.

C'est avec confiance, que je vois l'affaire en
question en vos mains; certes elle ne saurait être en de meilleures!

Adieu, cher général! Recevez avec l'assurance de mon estime toute particulière

l'expression du vif plaisir, d'avoir fait
votre connaissance plus intimement —
à revoir, comme je l'espère.

D'Albert

TABLE DES MATIÈRES

CHAPITRE VI

CHAPITRE VII

CHAPITRE VIII

CHAPITRE IX

CHAPITRE X

NOTES DE L'ARCHIDUC ALBERT

CHAPITRE XI

CHAPITRE XII

CHAPITRE XIII

CHAPITRE XIV

CHAPITRE XV

CHAPITRE XVI

CHAPITRE XVII

CHAPITRE XVIII

CHAPITRE XIX

CHAPITRES XX

CHAPITRE XXI

CHAPITRE XXII

CHAPITRE XXIII

CHAPITRE XXIV

CHAPITRE XXV

Paris. — Imp. Paul Dupont, 4, rue du Bouloi. — 11.8.95.